PAPA,
LASS UNS EIN
NILPFERD
FANGEN

PETER MOOSBAUER

PAPA, LASS UNS EIN NILPFERD FANGEN

Spannende und abenteuerliche Beschäftigungsideen für Väter und Kinder ab 5 Jahren

Mosaik

IMPRESSUM

Illustrationen: Mascha Greune, München
Redaktion: Edigna Hackelsberger
Buchgestaltung, Layout und Satz: Petra Dorkenwald, München
Umschlaggestaltung: Heinz Kraxenberger
Umschlagfoto: U. Niehoff
Reproduktion: Artilitho, Trento
Druck und Bindung:
Eurolitho S. p. A., Milano
Printed in Italy

ISBN 3-576-11499-8

INHALT

Vorwort 7

PAPAS REGELN 9

Beste Nacht 10
Die Überraschung 11
Die Verschwörung 12
Der Geheimbund 12
Die Jacke 14
Der Mützendreh 14

PAPAS SPIELE 15

Jockeypack 16
Fingerfaxen 16
Jakob, wo bist du 18
Wolke sieben 18
Kreiselnder Knopf 19
Rutschpartie 20
Reiher am Weiher 21
Der Über-Ober 22
Gefangenen-Gang 23
Ballwechsel 23
Mikro-Golf 24
Tüten-Tennis 25
Akrobatisches „Verhauen" 26
Jonglieren geht über Studieren 27
Gras-Hakeln 27
Topfkegeln 28
Pisten-Brettern 29
Pusteball 30
Zungenzwirbler 31
Tischfußball 32
Taschenmikado 33
Morra 34
Geisterbahn 34
Suka 35
Umul Konu 36

PAPAS WERKE 37

Der Spazierstock 38
Das Windrad 38
Lebendes Haus 39
Eckenguck 40
Fertighaus 41
Heulkonzert 41
Düsenpost 42
Ballonboot 43
Düsendampfer 44
Seifenmotor 45
Daniel Düsentrieb 45
Gelände-Trecker 46
Bottel-Bus 47
Muttertags-Demo 48
Luftikus 49
Fensterbilder 50

INHALT

Wasser-Uhr 50
Hubschrauber 52
Dosen-Telefon 53
Hausmusik 54
Zeitkapsel 56
Knete-Kniff 56
Wunderbaum 57
Meter malen 58
Druckwerkstatt 59
Magnettheater 60

PAPAS EXPERIMENTE 61

Wetterglas 62
Zauberfarbe 62
Farbenforschung 63
Geisterhölzchen 64
Roncalli-Blasen 64
Plastik-Fantastik 65
Geheimschrift 66
Wundergarten 67
Tauchteufel 68
Luftkissen 69
Knallrakete 70

PAPAS ABENTEUER 71

Zelten für Anfänger 72
Zelten für Fortgeschrittene 73
Feuer machen 74
Nachtwanderung 74
Naturkost 76
Schnitzeljagd 77
Papa-Urlaub 78
Wasserbau 79
Tierspuren lesen 80
Tiere belauschen 81
Schatzsuche 82

PAPAS TRICKS 83

Der wandernde Daumen 84
Der Auflauf 84
Die Zaubermilch 85
Die Lineal-Fessel 86
Der Kraftakt 86
Der lahme Arm 87
Die verlorene Wette 87
Die schwere Zeitung 88
Das endlose Band 88
Wasser-Wette mit Wirkung 89
Der starke Arm 90
Der Balance-Akt 91
Das intelligente Ei 91
Der Röntgenblick 92
Die magnetischen Steine 92
Der schwebende Bleistift 93
Der Nagelbieger 93
Das Hui-Hui 94
Die Zauberdose 94
Die lebende Börse 95

Register 96

VORWORT

Väter sind etwas ganz Besonderes. Woher das kommt? Das hat einerseits mit dem so unleugbaren wie wenig schmeichelhaften Umstand zu tun, dass sie in der Regel viel weniger Zeit mit ihren Kindern verbringen als die Mütter. Worin das seine Ursachen hat, ob es gut ist oder geändert werden sollte, braucht hier nicht diskutiert zu werden, weil es momentan einfach der Regelfall ist. Andererseits hat es aber auch damit zu tun, dass Väter Männer sind und deshalb in Vielem ganz anders als Frauen. Gott sei Dank.

Wenn Väter aber so was Besonderes sind, müssen sie auch etwas Besonderes tun, um dem gerecht zu werden. Zumindest erwarten das die Kinder. Sie warten mit Spannung auf das Heimkommen des Vaters am Abend oder darauf, dass er am Wochenende Zeit für sie hat. Und es gäbe keine größere Enttäuschung für sie, als wenn Papa dann das Gleiche mit ihnen machte wie Mama.

Nicht dass das, was sie mit Mama spielen oder basteln, langweilig wäre. Aber sie suchen ganz unbewusst die Vielfalt kennen zu lernen, die sie bei einem anderen Individuum – und dazu noch von einem des anderen Geschlechts – erfahren können. Väter sind zuständig für alles, was Müttern nicht liegt, was sie sich nicht so trauen oder was sie ganz bewusst den Vätern überlassen. Väter sind also gefragt bei allen Arten von Abenteuern im Freien, bei allem, was aufregend und ein bisschen gefährlich ist (oder so aussieht). Denn sie sind, sagen die Kinder, stark. Wenn sie dabei sind, kann nichts passieren. Und sie wissen Bescheid. (Es gibt eigentlich kaum etwas, das sie nicht wissen.) Man lernt von ihnen aber auch so alltägliche Dinge wie pfeifen, schnitzen oder Rad fahren. Und sie kommen mit jeder Situation zurecht. Eigentlich kann man sich mit ihnen bedenkenlos in den Dschungel wagen, um ein Nilpferd zu fangen.

Väter sind nämlich auch zuständig für Humor. Das sind zum einen die Albereien, von denen Kinder nicht genug kriegen können (und über die Mütter manchmal den Kopf schütteln). Doch zum anderen sind es auch die Situationen, die ein bisschen verfahren sind, wenn es mal Knatsch gegeben hat, jemand den Kopf hängen lässt oder auch nur die große Langeweile ausgebrochen ist. Dann ist Papa gefragt mit seinen Einfällen, die alle schnell wieder in gute Stimmung versetzen, Tränen und Stirnfalten verschwinden und das Lachen wieder einkehren lassen.

Väter sind natürlich für ihre Söhne – aber auch für manche Töchter! – der Partner für eine richtige Männerfreundschaft. Bei der es auch mal etwas rauer zugeht, weil man weiß, wie das gemeint ist und weil es so ist wie bei einem Sparringspartner: Man trainiert für den Ernstfall, ohne dass einem wirklich etwas passiert.
So eine Männerfreundschaft ist fast wie ein Geheimbund – felsenfest, hundertprozentiger Verlass, auf immer und ewig.
Da haben andere nichts drin verloren, nicht mal Mama.

Väter sind auch Verbündete. Sie sind der starke Freund, der große Bruder, auf den man sich im Ernstfall immer verlassen kann: gegen den blöden Lehrer, den Angeber aus der Vier A, den Quäler vom anderen Block. Gegen die unverschämte Schwester, den lästigen Bruder. Zur Not sogar gegen Mama, wenn die mal ungerecht scheint oder etwas nicht erlauben will, dessen Notwendigkeit sie einfach nicht einsieht, weil sie vielleicht mal wieder zu ängstlich ist.

Väter sind auch zuständig für alles, was Mütter gerne verbieten, weil man sich dabei schmutzig machen könnte, weil es laut wird oder die Nachbarn etwas sagen könnten. Mal so richtig auf den Putz hauen oder als grimmige Piraten andere Schiffe kapern, das kann man am besten mit Papa. Kriegen Sie es jetzt mit der Angst zu tun? Meinen Sie, dass Sie versagen könnten, weil Sie das gar nicht leisten können, was Ihre Kinder alles von Ihnen erwarten? Keine Bange, sie sind gnädiger mit Ihnen, als Sie befürchten. Denn Sie sind sowieso der Größte. Der beste Vater, den man sich nur wünschen kann. Nach Ihnen kommt nur noch der liebe Gott.

Vorausgesetzt natürlich, Sie haben in jeder Situation etwas parat, können immer etwas aus dem Hut zaubern und sind stets für einen Spaß zu haben. Dass einem da nicht immer etwas einfällt, liegt auf der Hand. Deshalb will dieses Buch Ihnen helfen, in allen Situationen Meister zu bleiben und immer etwas in der Hinterhand zu haben. Etwas Besonderes natürlich, das nur dem Papa einfallen kann, der immer wieder für eine Überraschung gut ist.

Und wenn Ihnen einmal doch nichts einfallen will und nicht einmal dieses Buch die Lösung bringt, dann denken Sie einfach daran zurück, was Sie als Kind mit Ihrem Vater alles erlebt haben, was er Ihnen beigebracht und wie er in solchen Situationen reagiert hat. So habe auch ich es beim Schreiben dieses Buches gemacht, das viele Ideen meines Vaters und sogar meines Großvaters enthält, denen ich heute noch dankbar bin. Ohne meinen Vater und dessen Vater wäre dieses Buch nicht entstanden.

PAPAs REGELN

Bei Papa ist alles ein bisschen anders: Die Gutenachtgeschichte, seine Einfälle und wie er einem etwas sagt. Kinder merken das und legen auch Wert darauf – je seltener sie Papa für sich haben, desto mehr

BESTE NACHT!

In vielen Familien ist es etwas Besonderes, wenn der Vater die Kinder ins Bett bringt. Sei es, dass er spät von der Arbeit heimkommt, sei es, dass er abends noch mal weg muss oder vielleicht auch nur zeitweise mit den Kindern zusammen ist. Aber selbst wenn Vater und Mutter sich das Ins-Bett-Bringen teilen, ist es halt bei Papa immer ein bisschen anders. Und das ist auch gut so.

Vielleicht sind ganz bestimmte Wochentage die Papa-Tage. Dann kann man sich schon lange vorher darauf freuen. Das verlangt aber, dass Väter sich auch akribisch daran halten. Nichts ist schlimmer, als wenn ein Kind enttäuscht einschlafen muss. Und eine Entschuldigung wegen eines unerhört wichtigen Geschäftstermins kann ein Kind nicht akzeptieren, weil es sie nicht versteht. Dann lieber sich auf den Sonntag beschränken und dafür hie und da mal ganz unerwartet außer der Reihe. Auch der Ablauf ist anders: Papa hat sein eigenes Buch, aus dem er vorliest. Seine Geschichten sind spannender, lustiger oder verrückter. Das sticht die von Mama nicht aus, aber beide Arten von Geschichten unterscheiden sich voneinander, wie es Papa und Mama auch tun.

Wenn Papa ein hinreichend begabter

Geschichtenerzähler ist, kommen immer ganz bestimmte Figuren in seinen Storys vor: Vielleicht ist das der Krokofant, der sich immer so tierisch aufführt und mit menschlichem Benimm nicht zurechtkommt – nicht mit manierlichem Essen und nicht mit Verkehrsregeln.

Oder es ist Rudi Roller, ein Kinderfahrzeug, das einen in jeder Geschichte in Windeseile mit in die weite Welt zu fantastischen Abenteuern nimmt, nach Afrika zum Nilpferd-Fangen oder in die Berliner Abwasserkanäle zur Verbrecherjagd.

Es kann auch Martin vom Mars, der Besucher aus dem All sein, der erzählt, wie es dort so zugeht und was ihm hier auf der Erde spanisch vorkommt. Etwa, dass die Leute alle arbeiten gehen und dass es auf dem Mars kein Wasser gibt, mit dem man sich waschen muss.

Oder Tecno-Tic, der computergesteuerte Roboter, der fortwährend irrwitzige neue Erfindungen macht, wie zum Beispiel den Limohahn an der Schultasche oder den ferngesteuerten Fußball.

Vielleicht singt Papa ja auch. Ganz toll, wenn er seine eigenen Balladen oder Arien erfindet. Egal, ob er's gut kann oder nicht – es ist bestimmt vergnüglich, denn das soll das Gute-Nacht-Ritual mit Papa ja auch sein. Und zum krönenden Abschluss, wenn das Kind wirklich schlafen muss, sagt er statt „Gute Nacht!" immer sein „Beste Nacht!"

DIE ÜBERRASCHUNG

Das brauchen Sie: kleines Spielzeug, Bonbon, Apfel usw.

Papa ist in den Augen der Kinder stets der Größte. Immer weiß er eine Lösung, immer hat er etwas parat. Das können Sie nicht leisten? – Mitnichten. Väter müssen nur immer eine Überraschung aus dem Ärmel zaubern oder ein bisschen improvisieren können, und zwar in jeder Situation. Kann sein, dass es beim Einkaufen, auf der Autofahrt oder im Wartezimmer stinklangweilig wird: Dann ist ein Spiel gefragt oder irgendeine Quatschnummer. Oder ein Kind droht aus einem anderen Grund quengelig zu werden. Dann braucht es eine – oft nur kurze – Ablenkung durch einen kleinen Scherz oder eine ins Ohr getuschelte drollige Geschichte. Schwierig? Nein, Sie müssen nur vorbereitet sein. Bevor Sie also irgendetwas mit den Kindern unternehmen oder erledigen müssen, das länger dauern könnte –, nehmen Sie ein kleines Spielzeug mit, denken Sie sich eine Geschichte aus, stecken Sie wenigstens ein Bonbon oder einen Apfel ein, den sie aus der Tasche zaubern können. Vorbereitet sein ist alles. Aber die Trümpfe nur dann ausspielen, wenn sie wirklich nötig sind, sonst werden die Highlights inflationär und sind keine mehr!

DIE VERSCHWÖRUNG

Bei Sportlern sieht man es und in amerikanischen Filmen: Zwei, die sich einig sind, klatschen gegenseitig ihre Hände aufeinander. Das ist ein Ritual, das Väter ganz prima mit ihren Kindern pflegen können.
Es heißt: Wir gehören zusammen, wir sind uns einig, uns kann keiner.

Es gibt mehrere Methoden: Einer hält zum Beispiel beide Hände in Kopfhöhe nach oben, die Handflächen zeigen nach vorne. Der andere schlägt seine ebenfalls senkrechten Handflächen dagegen. Oder: Einer bietet seine Hände, flach nach vorne ausgestreckt, mit den Handflächen nach oben an, der andere klatscht mit seinen flachen Händen von oben drauf. Das Ganze kann mehrmals abwechselnd in einem bestimmten Rhythmus passieren, auch in Kombination dieser beiden Arten. Einmal geübt, muss das immer sitzen. Man kann die Geste auch im Sinne von: „Okay, ist alles wieder gut?" anwenden, wenn zum Beispiel gerade ein Kompromiss zwischen Vater und Kind ausgehandelt worden ist. Oder immer am Beginn einer gemeinsamen Unternehmung (wenn sie zum Beispiel zum Nilpferd Fangen gehn).
Und alle Welt kann sehen: Die beiden sind sich einig, die gehören zusammen, denen kann keiner was anhaben. Und so ist das ja auch, oder?

DER GEHEIMBUND

Zwei (oder mehr), die zusammengehören, haben sich auch viel mitzuteilen. Und das ist nicht immer für andere Ohren bestimmt (nicht mal für die von Mama!). Natürlich braucht so eine verschworene Gemeinschaft auch eine Geheimsprache. Da gibt es viele Möglichkeiten, sich etwas einfallen zu lassen.

Oft genügt es schon, dass man häufig genannten Personen und Sachen andere

Namen gibt. „Mama hat heute Eis gekauft“ heißt plötzlich „Frau Maier hat heute Essiggurken versteckt“. Und „Wenn am Sonntag Tante Erna kommt, gehen wir auf den Fußballplatz“ hört sich dann an wie „Wenn Frau Müller am Montag weggeht, werden X und Y ins Grüne sehen“.

Natürlich gibt es auch die Verschlüsselungen der Laute wie: „Ibich sabagebe dibir“ für „Ich sage dir“, oder noch schwieriger: „Ihichlekich sahagleklag dihirleklir“. Durchschaut? Im Kasten rechts wird das System genau dargestellt.

Mit größeren Kindern, die schon erste Fremdsprachenkenntnisse haben, kann man auch ulkige Sätze fabrizieren. Etwa nach dem Muster: „Tust du kommen with me? Wir willen haben ein lot von Spaß fanging a Nilpferd!“ Ganz nebenbei lernt man da sogar auch noch ein bisschen mit der Fremdsprache umzugehen.

SO BAUT MAN GEHEIMSPRACHEN

Mama wird zu Frau Maier, Tante Erna zu Frau Müller und so weiter. Wochentage werden zur Verwirrung der anderen um eins verschoben. Hochinteressante Dinge wie „Eis“ und „auf den Fußballplatz gehen“ werden zu „Essiggurken“ und „ins Grüne schauen“. Vor allem wichtige Tätigkeiten, wie „kaufen“, müssen natürlich auch verschlüsselt werden – in „verstecken“ zum Beispiel.
Die anderen beiden Geheimsprachen funktionieren so: Bei der ersten wird jeder Vokal wiederholt, aber man setzt dabei ein b *davor. Ist eigentlich ganz einfach, hört sich aber drollig und kaum verständlich an. Im zweiten Fall wird der Vokal ebenfalls wiederholt, diesmal aber mit einem* h *davor, und hinter jede so verschlüsselte Silbe wird noch einmal eine Wiederholung mit* lekl- *vor dem Vokal gesetzt. Sieht schwierig aus, ist aber mit etwas Übung flüssig zu sprechen. Achtung: Siehieleklieht schwiehierleklierihigleklig auhausleklaus, ihistleklist ahaleklabeherlekler mihitleklit ehetlekletwahasleklas Ühüleklübuhungleklung flühüssleklüssihigleklig zuhuleklu sprehechleklechehenleklen.*

DIE JACKE

Ich weiß bis heute nicht, ob mein Vater dieses Signal bewusst oder unbewusst ausgesendet hat, aber es funktionierte großartig. Ich hatte das nach kurzer Zeit heraus: Wenn er eine ganz bestimmte Jacke anhatte (es war eine hellbeige, fast weiße Leinenjacke im Trachtenstil), dann war er in Top-Laune. Meist war das in den Ferien oder am Wochenende, auf jeden Fall immer dann, wenn er viel Zeit hatte, vor allem für mich. Ich wusste dann, jetzt ist Papa ganz für mich da, jetzt kann ich auch mal mit einem Sonderwunsch kommen und werde nicht gleich abgeschmettert. Warum also sollten wir dieses Signal, das so gut funktioniert hat, nicht ganz bewusst einsetzen? Wählen Sie eine Weste oder Jacke aus, die Sie nur in der Freizeit (die Betonung liegt auf Zeit!) tragen, zum Nilpferd Fangen sozusagen. Für den Winter kann das auch ein ganz bestimmter Pullover sein oder eine Bommelmütze. Sie werden sehen, dass dieses Zeichen plötzlich allen prima Laune macht!

DER MÜTZENDREH

Jetzt geht's los – auf zum Nilpferd Fangen! Untrügliches Zeichen dafür kann einerseits die eben beschriebene Jacke sein oder der verschwörerische Handklatsch. Es gibt aber noch eine Geste, die Kinder sehr mögen und die ihnen zeigt: Papa ist glänzender Laune und möchte was mit dir unternehmen. Dazu gehört, dass Ihr Kind eine Mütze aufhat, am besten eine Baseballkappe. Die ziehen Sie mit einer Vierteldrehung zur Seite (geht auch mit anderen Mützen) – weiter nichts. Aber das mit einem verschwörerischen Grinsen oder Augenzwinkern. Und: Das darf nur Papa, niemand sonst!

PAPAs SPIELE

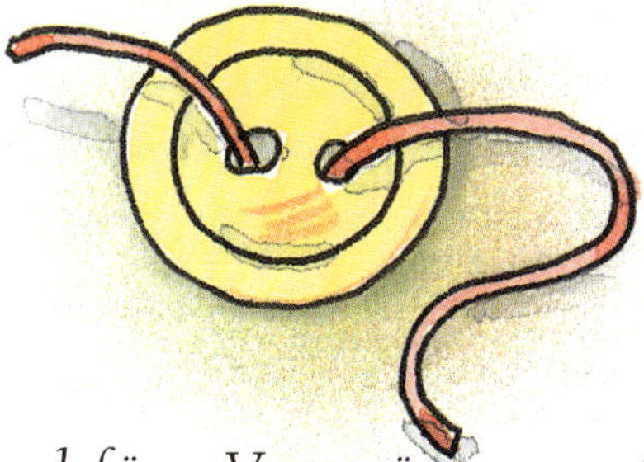

Väter sind fürs Vergnügen zuständig – und zwar in jeder Lebenslage! Egal, ob es im Wartezimmer des Arztes langweilig wird oder auf einem Spaziergang, ob es im Ferienquartier schon den dritten Tag regnet oder am Strand kein Spielzeug greifbar ist: Papa hat immer eine Idee auf Lager

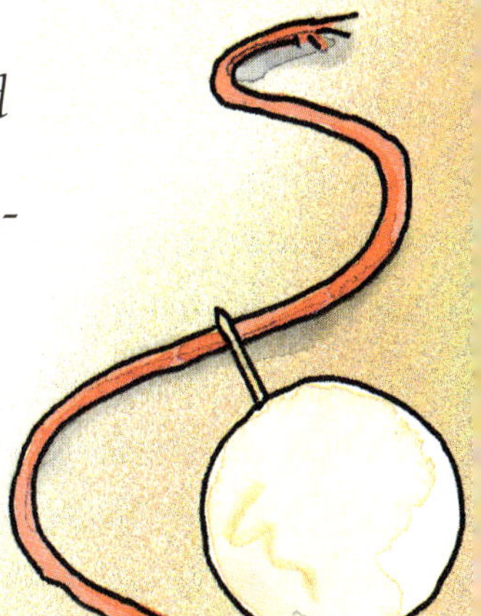

JOCKEYPACK

Langeweile auf dem Spaziergang? – Kommt mit Papa garantiert nicht auf! Kann ein Kind nicht mehr laufen oder ist ein kleiner Spaß während der Rast gefragt, darf das Kind als Jockey entweder Huckepack auf den Rücken oder sogar auf Papas Schultern steigen. Und los geht's: Auf Zuruf muss das Pferd Schritt, Trab oder Galopp gehen. Gelenkt wird es vom Huckepack-Jockey an den Schultern, von kleineren Schulter-Reitern an den Ohren (kann ein bisschen schmerzhaft sein, aber das Vergnügen ist umso größer – und gute Väter halten das schon mal aus ...).

Natürlich kann man auch die Rennbahn vorher festlegen – eine gerade Strecke auf Schnelligkeit oder ein schwieriger Hindernis-Parcours über Baumstämme, Gräben und Erdhügel. Oder auch ein Slalom im Hochwald.

Noch spannender wird es, wenn sich die Mama (oder vielleicht ein älteres Geschwister) bereitfindet, als zweites Pferd mit ins Rennen zu gehen. Jockeypack-Rennen sind natürlich absolute Spitze, wenn mehrere Väter mit ihren Kindern gegeneinander antreten, wobei eine vorherige geheime Absprache über einen möglichst gleichzeitigen Zieleinlauf den Vätern und Kindern gleichermaßen entgegenkommt ...

FINGERFAXEN

Das brauchen Sie: schwarzen Filzstift oder verschiedene zuvor aus einem alten Gummihandschuh, Pappmaschee o. Ä. gefertigte Aufsteck-Gesichter

Vor allem Väter mit ganz kleinen Kindern sehen sich immer wieder in die Lage versetzt, „Stimmung" machen zu müssen. Sei es, dass ein Wehwehchen das Kind zum Weinen brachte, sei es, dass es Ärger mit Geschwistern gab oder ganz einfach, dass ein Kleines eben nicht besonders „gut drauf" ist. Ablenkung und Anreiz zum Lachen sind nun gefragt. Und da ist ein kleines Taschentheater genau das Richtige. Die Figuren dafür sollten Sie immer dabei haben – oder doch wenigstens einen Stift, mit dem Sie sie schnell zaubern können.

Wie? – Sie malen sich einfach Smiley-Gesichter auf einige Fingerkuppen. Vielleicht ist auch ein Miesepeter darunter mit nach unten gezogenen Mundwinkeln.

Weibliche und männliche Akteure können durch wenige Striche als solche kenntlich gemacht werden: Lockenpracht und Halskette zum Beispiel oder Scheitel, Kragen und Fliege.

Witzig ist es, wenn beim Fingerfaxen-Theater immer die gleichen Figuren auftreten, die Sie schnell auf die Finger malen können und die immer gleich aussehen. Oder Sie machen sich ein paar dauerhafte Fingerpuppen aus den Spitzen eines alten Gummihandschuhs oder aus etwas Pappmaschee. Diese Figürchen sollten dann aber für alle Fälle in Ihrer Tasche sein, wenn Sie mit den Kindern unterwegs sind. Aber Sie dürfen die Fingerfaxen nicht zu oft einsetzen. Sie wirken nämlich nur, wenn sie etwas Besonderes bleiben und nicht inflationär werden.

Was die Figuren dann spielen, ist fast schon egal. Entweder sie machen beliebig Quatsch oder sie gehen auf die im Moment zu bewältigende Situation ein. Sie können hinter einer Stuhllehne auftreten, hinter dem Unterarm oder auch hinter dem Schiebegestänge des Buggys.

JAKOB, WO BIST DU?

Das brauchen Sie: zwei dunkelfarbige Halstücher

Was Kindern immer wieder Laune macht, ist, wenn Papa den Mut hat, sich lächerlich zu machen. Ein prima Spiel zu diesem Zweck ist das uralte, aber unschlagbare „Jakob, wo bist du?“.

Dazu werden zwei Spielern (Vater und Kind) die Augen verbunden. Einer macht den Jakob, der andere muss ihn suchen. Da der herumtappende Sucher sich in der Regel dümmer anstellt, sollte diese Rolle zumindest als Erster der Vater übernehmen.

Er ruft nun: „Jakob, wo bist du?“, und der Jakob meldet sich: „Hier!“. Kaum hat er durch seine Stimme seinen Standort verraten, wechselt er ihn auch schon, und zwar möglichst lautlos. Papa wird nun lostappen und fuchtelnd versuchen, Jakob zu erhaschen. Greift er in die Luft, fragt er wieder: „Jakob, wo bist du?“, und aus irgendeiner anderen Richtung wird nun erneut das freche „Hier!“ erschallen.

Noch turbulenter wird die Geschichte, wenn auch die Zuschauer den Sucher zum Narren halten und mit verstellter Stimme ebenfalls den Jakob mimen und vom Spielfeldrand „Hier!“ rufen. Eine andere Variante, die Kindern fast noch mehr Spaß bietet: Mama macht den Jakob, Papa muss suchen und die Kinder schauen zu und narren ihren geliebten Papa.

Es ist verständlich, wenn Kinder dann auch in die Rolle des Suchers schlüpfen wollen. Da diese jedoch nicht ganz einfach ist, sollten Sie ihnen als Jakob aber durch nicht allzu schwierige und lautlose Stellungswechsel natürlich bald die Chance geben, den Jakob zu fangen.

WOLKE SIEBEN

Das brauchen Sie: eine Packung (mindestens 15 bis 20) Luftballons, Bezug für ein Kinderbett oder Erwachsenen-Kopfkissen

Luftballons gehören zum „Notfallvorrat“ jedes Vaters. Aber verwahren Sie sie gut, denn Luftballons sind nicht ungefährlich! Einerseits können platzende Ballons direkt vor dem Gesicht Verletzungen verursachen, andererseits sind eingeatmete Teile geplatzter Ballons leider schon Ursache von Erstickungen gewesen. Also: Beim Luftballonspielen mit kleinen Kindern die Ballons immer nur ganz leicht aufblasen und die Kinder nicht mit diesem Spielzeug allein lassen!

Wolke sieben ist aber (unter Aufsicht) ungefährlich und bringt schon Krabbelkinder zum Quietschen vor Vergnügen: Füllen

Sie einen Kinderbett-Bezug oder den Bezug eines Erwachsenen-Kopfkissens mit aufgeblasenen Luftballons und verschließen Sie ihn. Lassen Sie Ihr Kind nun darauf herumkrabbeln und -hüpfen. Sie können auch einmal auf die Ballons neben dem Kind klopfen, damit es ein bisschen schaukelt.

Wichtig ist auch hier, die Ballons nicht zu hart aufzublasen, dann ist die „Wolke sieben" viel weicher und federt besser. Und sollte doch mal ein Ballon platzen, kann nichts passieren.

KREISELNDER KNOPF

Das brauchen Sie: einen großen Knopf mit zwei Löchern in der Mitte, kräftiges Garn oder dünne Schnur (Länge etwa 1 m)

Regentag? Langeweile? Mal wieder eines von Papas Kunststücken gefragt? – Gut, dann muss diesmal Mamas Nähzeug dran glauben. In dessen Knopfschachtel findet sich bestimmt ein größerer Knopf, etwa von einem Mantel. Er sollte zwei Löcher haben, die in der Knopfmitte liegen müssen. Und noch etwas mopsen wir aus dem Nähzeug: ein Stück kräftiges und reißfestes Garn (oder auch dünne Schnur), etwas über einen Meter lang.

Die Fadenenden nun durch jeweils eines der Knopflöcher ziehen und am einen Ende verknüpfen. Die Enden so halten, dass die Fadenstücke genau gleich lang sind und der aufgefädelte Knopf in der Mitte der Schnüre liegt. Steckt man nun an jedem Ende der entstandenen Fadenschlinge einen Zeigefinger hindurch, kann man – das ganze Gebilde etwas locker haltend – durch kreisende Bewegungen der Hände vom Körper weg den Knopf in kreisende Bewegung versetzen. Dabei zwirbelt sich die Schnur zu beiden Seiten des Knopfes auf. Ist sie verdreht genug, reicht es, die beiden Zeigefinger kräftig voneinander weg zu bewegen – und der Knopf kreiselt jetzt mit den Fäden. Wer es geschickt anstellt, kann ihn auch gleich weiterkreiseln lassen, sodass sich die Fäden nach der anderen Seite aufzwirbeln.

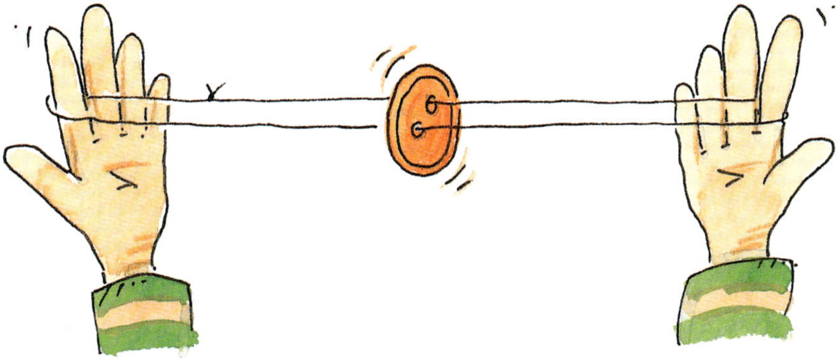

RUTSCHPARTIE

Was Sie brauchen: einen schön kalten, schneereichen Winter, einen ungefährlichen Platz (Größe ca. 2 m x 5 m), Gießkanne mit Brausekopf

Ein bisschen Vorbereitungsarbeit ist hierfür schon erforderlich, aber wenn Sie an einem kalten Winterabend etwa eine Stunde investieren, sind Sie am nächsten Tag der Größte. Und nicht nur für Ihre Kinder, sondern auch für deren Freunde und die Nachbarskinder.

Es geht um eine Super-Schlitterbahn. Zunächst müssen Sie die richtige Stelle dafür finden: Es darf niemand gefährdet werden, nicht Passanten und nicht die Kinder selbst! Also dürfen Sie die Rutschbahn nicht auf Gehwegen anlegen, wo jemand stürzen kann, und nicht in der Nähe von Verkehrswegen, wo die Kinder in Gefahr geraten können. Es eignen sich unbegangene Teile von Höfen (ohne Garagen!), der Rasen im Garten oder eine nahe Wiese in einem Park oder auf freiem Gelände. Je nachdem, ob es einfach ein lustiges Schlittern geben soll oder noch andere Spiele stattfinden, darf die Bahn ein leichtes Gefälle haben, oder sie muss ganz waagerecht sein.

Treten Sie zuerst auf der ganzen Länge den Schnee sehr fest und schaufeln Sie von der Seite noch mehr Schnee darauf. Ist dieser sehr kalt und pappt nicht richtig, befeuchten Sie ihn etwas mit der Gießkanne. Hat alles etwas angezogen, brausen Sie noch ein paar Mal ganz wenig Wasser in feinen Tropfen darüber und lassen alles immer wieder festfrieren. Zum Schluss ein bisschen einschlittern, damit die Oberfläche auch schön glatt wird.

Außer rasantem Schlittern kann man auf dieser Bahn auch alle Spiele nach Art von Eishockey, Eisstockschießen bzw. Curling spielen.

REIHER AM WEIHER

Das brauchen Sie: zum Aufzeichnen des Weihers (Fläche ca. 3 m x 3 m) je nach Untergrund einen Stock, ein Stück Kreide oder eine lange Schnur und Pappstücke

Das ist auch so ein Spiel, das Sie überall und jederzeit aus dem Hut zaubern können: Dazu brauchen Sie nur einen Weiher auf dem Boden zu markieren. Das geht mit einem Stock auf Waldboden oder am Strand, mit Kreide oder einem Stück Ziegel auf Pflaster und mit einem Stück Schnur oder Seil sogar auf jedem Untergrund, ob Teppichboden oder Rasen. Der Teich soll sehr unförmig sein, mit vielen Buchten und Halbinseln. Und im See gibt es, gut verteilt, auch einige kleine Inseln (bei der Schnurversion einfach ein paar Pappdeckel in den See legen).

Nun geht's los: Weil Papa sich so schön blamieren kann, ist er der Reiher, der nur am Ufer stolzieren oder von Insel zu Insel hüpfen darf. Und die anderen sind die Fische im Weiher. Und was tut der Reiher? Richtig, er versucht, die Fische zu fangen. Wer abgeschlagen wird, tauscht mit dem Reiher die Rolle.

DER ÜBER-OBER

Das brauchen Sie: zwei Vogelfedern (oder etwas anderes ganz Leichtes), ein gebogenes Stück Holz (Astgabel, Kleiderbügel), einen kleinen Tannenzweig

Wenn Papas Clownsqualitäten mal wieder gefragt sind, um die Familie bei Laune zu halten, empfiehlt sich dieses Spiel – egal ob draußen oder drinnen. Dabei mutiert zunächst Papa zum artistisch begabten Kellner, danach dürfen die anderen ihre Fähigkeiten unter Beweis stellen.

Über eine vorher festgelegte Strecke muss der Ober seinen Gästen servieren. Er hat zunächst – korrekte Ober-Haltung – den linken Unterarm hinter dem Rücken zu halten. Dafür wird der rechte vorgestreckt, und auf der flachen Hand als Tablett ruhen zwei Vogelfedern, die serviert werden müssen. Damit das Ganze nicht zu leicht wird, muss sich der geplagte Kellner auch noch einen gebogenen Stock (oder eine Astgabel) über die rechte Ellbogenbeuge hängen und den „Salzstreuer", etwa in Form eines Tannenzapfens, zwischen die Knie klemmen. Und weil ein Ober aussehen muss wie ein Ober, wird ein Stück Tannenzweig als Bärtchen zwischen Oberlippe und Nase eingekniffen. So geht es nun vorwärts – möglichst rasch natürlich, denn die Gäste warten. Aber auch vorsichtig genug, denn wenn irgendetwas verloren geht, muss der Über-Ober leider wieder am Beginn der Strecke anfangen. Und wetten, dass die Zuschauer versuchen, ihn zum Lachen zu bringen, damit er sein Bärtchen verliert?

Wenn danach die anderen ihr Glück versuchen, sollte natürlich zum Vergleich die Zeit genommen werden. Und wenn viele teilnehmen, vielleicht auch andere Väter mit Kindern, kann man daraus eine Stafette machen. (Drinnen gespielt, ersetzen zwei leichte Blättchen Papier die Federn, ein Bleistift das Zweiglein, ein echter Salzstreuer den Zapfen, ein Kleiderbügel die Astgabel.)

GEFANGENEN-GANG

Das brauchen Sie: Kreide oder Stock zum Markieren oder Schnur zum Abstecken eines Rechtecks auf dem Boden

Quatsch Machen ist für Kinder fast jeden Alters das Höchste. Und wenn das dann noch mit dem Erproben körperlicher Fertigkeiten verbunden ist – solche Spiele sind schier unschlagbar. Wie zum Beispiel der Gefangenen-Gang, der auch jederzeit ohne Hilfsmittel gespielt werden kann.

Dazu stellt sich Papa Bauch an Bauch mit seinem Kind auf, als ob sie aneinander gefesselt wären. Aber nur als ob: Die Schwierigkeit besteht nämlich gerade darin, den Kontakt zueinander nicht zu verlieren, obwohl man nicht aneinander gebunden ist. Dann wird der vorher aufgemalte oder abgesteckte Gefängnishof von einer Ecke ausgehend abgeschritten: Zuerst geht Papa vorwärts, das Kind rückwärts; an der nächsten Ecke geht er seitwärts links, das Kind seitwärts rechts; wieder eine Ecke später Papa rückwärts, das Kind vorwärts; dann geht es seitwärts links, während Papa seitwärts rechts gehen muss. So ist das ganze Karree abzuschreiten, ohne den Kontakt zu verlieren. Das ist höchst vergnüglich, aber gar nicht so einfach. Wer das Spiel öfter wiederholt, wird immer schneller.

Und als Variante kann man das Ganze auch mal umdrehen: Die Spieler müssen sich diesmal mit dem Rücken berühren und das gleiche Rechteck abschreiten. Auf diese Weise können sie sich nicht einmal sehen, was die Sache nicht gerade einfacher macht ...

BALLWECHSEL

Das brauchen Sie: mehrere Luftballons, einen davon mit Wasser gefüllt

Weiter vorne im Buch war schon einmal von den Luftballons die Rede, die immer vorrätig sein sollten. Sie kommen auch hier wieder zum Einsatz, und auch jetzt gilt: Vorsicht ist am Platz, allzu kleine Kinder sollten nicht dabei sein, und alles soll nur unter Aufsicht geschehen.

Ort der Handlung ist diesmal der Garten, eine Spielwiese im Park oder Schwimmbad, aber abseits von anderen Erholungssuchenden. Die Kleidung sollte dem warmen Wetter, das für diesen Spaß nötig ist, entsprechen und sehr leicht und unempfindlich sein.

Während eines Ballspiels, das Sie völlig arglos angeregt haben, und das nach einiger Zeit die Spieler vielleicht nicht mehr so vom Hocker reißt, wechseln Sie unbemerkt und völlig unerwartet einen anderen

Ball ein. Gut ist es, wenn Sie einen Luftballon in ähnlicher Farbe haben wie der benutzte (nicht zu große) Ball. Denn was eingewechselt wird, ist eine kleine Wasserbombe, ein Luftballon mit nicht zu viel Wasser gefüllt und gut zugebunden, den Sie zuvor am Spielfeldrand gut versteckt haben. Damit darf natürlich nicht zu fest geworfen werden, weil solch eine Wasserbombe schwer ist. Werfen Sie präzise und in leichtem Bogen, damit der Angespielte den Ball auch fangen kann. Denn nur beim Fangen gibt's die beabsichtigte „Erfrischung" – fällt der Ball auf den Boden, ist der Effekt dahin.

Danach können Sie noch mit ein paar anderen Wasserbomben weiterspielen. Nun kommt es aber darauf an, ob die Spieler den Ball fangen können, ohne dass er platzt!

MIKRO-GOLF

Das brauchen Sie: Filmdöschen

Golf ist eher was für Betuchte und schon gar nichts für Kinder, und selbst Minigolf kann ganz schön ins Geld gehen. Zumindest muss man dafür extra irgendwo hinfahren, ist an Öffnungszeiten gebunden und sich überdies oft mit den anderen Spielern gegenseitig im Weg. Mikro-Golf dagegen kann man in jedem Wald oder Park spielen, und außer vielleicht einem Filmdöschen braucht man gar nichts. Alles findet sich in der freien Natur. Zunächst sucht man für die Fairways, die Golfbahnen, interessante Strecken von etwa einem bis eineinhalb Meter Länge

aus. Sie sollen natürlich Hindernisse ausweisen, wie etwa dicke Grasbüschel oder kleine Pfützen, die zu um- oder überspielen sind. Vielleicht kann man auch kleine Gräben quer zur Spielrichtung ziehen oder mal, wie beim Minigolf, eine Wippe aus

Ästchen und einem gebogenen Rindenstück einbauen. Die Bahn soll auf einem möglichst ebenen, sauber gefegten Kreis (entsprechend dem Green) enden. Dort wird in der Mitte das Zielloch in den Boden eingelassen, wozu das Filmdöschen gute Dienste leisten kann.

Gespielt wird mit einer Kastanie, Haselnuss, Eichel oder einem runden Kieselsteinchen, das entweder mit dem Zeigefinger wie eine Murmel geschnippt oder mit einem Stöckchen geschlagen wird.

Wetten, dass Sie mit dieser Erfindung wieder mal der Größte sind und dass etliche Stunden mit Bahnbau und Spiel wie im Fluge vergehen?

TÜTEN-TENNIS

Das brauchen Sie: mindestens zwei Obst-Spitztüten aus Papier sowie Pfirsiche o. Ä.

Wenn Sie das nächste Mal zum Spielplatz oder auf einen Spaziergang gehen, nehmen Sie doch etwas Obst – am besten eignen sich Pfirsiche oder Nektarinen – oder sonstige Verpflegung in mindestens zwei Obst-Spitztüten aus Papier mit. Dabei ist nicht nur der Inhalt nahrhaft, sondern die Verpackung auch gleich wieder Material für ein neues Spiel, das sozusagen aus dem Nichts entsteht, ohne Vorbereitung. Papa kann eben auch aus nichts was machen ...

Sind die Tüten leer gefuttert, geben sie nämlich prima Wurf- und Fanggeräte ab. Man braucht dazu nur noch einen Kern der eben vertilgten Pfirsiche oder einen aufgeklaubten Kiefernzapfen (oder den für den Notfall eingesteckten Pingpongball).

Jeder Spieler hält eine geöffnete Tüte weit unten mit der hohlen Faust. In eine kommt der „Ball“. Nun wird mit der Tüte in der Faust der Ball dem Gegenüber zugeworfen, der wieder mit der Tüte fangen muss und auf die gleiche Weise zurückspielt. Jeder Fehler beim Fangen oder Werfen gibt natürlich einen Punkt.

Noch ein Trick: Man muss mit dem kleinen und dem Ringfinger die Spitze der Tüte etwas zukneifen, dann fliegt der Ball beim Werfen auch leichter wieder heraus, weil er sich nicht so leicht in der Spitze verklemmt.

Akrobatisches „Verhauen"

Das brauchen Sie: zwei Einkaufstüten aus leichtem Plastik oder Stoff, trockenes Laub, Heu oder Zeitungspapier

Glücklicherweise brauchen die meisten Kinder heute keine Angst mehr zu haben, von ihren Eltern verdroschen zu werden. Trotzdem fühlen sie natürlich immer wieder deren Überlegenheit. Und da gibt es natürlich kaum etwas Schöneres, als Papa mal so richtig schön verhauen zu dürfen, ohne gleich seinen Zorn zu erregen. Sollten Sie ihnen diesen Spaß nicht mal gönnen? Hier eine spielerische Form dazu, die Sie zu Hause im Garten oder bei einem Spaziergang inszenieren können.

Jeder der beiden „Spieler" braucht eine Einkaufstüte aus dünnem Plastik oder besser noch aus Stoff, in die vielleicht zuvor der Proviant verpackt war. Sie wird locker mit Heu oder Laub, zu Hause auch mit geknüllter Zeitung ausgestopft, sodass sie leicht und weich ist. Damit darf dann jeder sein Gegenüber verhauen. Aber langsam!

Damit das Ganze nicht so einfach wird, geschieht alles nur mit einer Hand – und auf einem Bein! Lustig ist der Kampf auch auf einem liegenden Baumstamm balancierend. Und verloren hat, wer als Erster das zweite Bein benutzt oder vom Baumstamm heruntergerät.

JONGLIEREN GEHT ÜBER STUDIEREN

Das brauchen Sie: einen etwa armlangen, glatten Stock

Was man mit einem ganz gewöhnlichen Stock alles machen kann! Ihre Vorführung mit der anschließenden Aufforderung „Kannst du das auch?“ wird bei Ihrem Kind bestimmt sofort Ehrgeiz erwecken.

Zeigen Sie ihm zunächst das ganz einfache senkrechte Balancieren eines Stocks auf der flachen Hand oder auf zwei Fingern. Diese Übung kann man bald erweitern, indem mit dem balancierten Stock eine gewisse Strecke zurückgelegt werden muss. Für Könner darf das natürlich auch eine Strecke mit Schikanen sein: über einen Stuhl oder Baumstumpf steigen, unter einem hängenden Ast durch oder slalomartig um Hindernisse herum.

Weitere Lektionen für angehende Jongleure sind dann das Balancieren im ruhigen Stand, ohne dass die Füße vom Fleck bewegt werden dürfen. Dann das Balancieren des Stocks auf der Fußspitze, auf der Schulter oder auf der Stirn (dazu sollten Sie vorher den Stock gut abrubbeln, damit kein Schmutz in die Augen geraten kann).

Für Fortgeschrittene gibt es dann noch die Balance-Stafette, bei der der Stock mit einer Hand übergeben werden muss. Das geschieht entweder dadurch, dass man ihn ein bisschen senkrecht hüpfen lässt und der andere Spieler ihn auffängt, oder dass dieser seine Hand oben auf den Stock setzt, das Ganze umgedreht wird und der Erste loslässt.

GRAS-HAKELN

Das brauchen Sie: für jeden Spieler zehn dickere Grashalme

Das Spiel ist so ein bisschen eine Mischung aus dem bayerischen Fingerhakeln und dem alten Eierpecken, bei dem gekochte Eier gegeneinander gestoßen werden, um festzustellen, wessen Ei das „härtere“ ist.

Gras-Hakeln kann man prima während eines Spaziergangs oder einer Rast spielen, und zwar überall, wo Gras wächst und auch blüht. Denn als „Sportgerät“ dienen die dickeren Halme der Grasblüten.

Jeder Spieler sucht sich zehn Halme aus, von denen er meint, dass sie fest genug sind, um damit zu gewinnen. Ein Halm wird zu einem Kreis gebogen, sodass man beide Enden parallel zwischen Daumen und Zeigefinger sehr fest halten kann. Der zweite Spieler steckt seinen Halm durch diese Schlaufe und hält die Enden genauso fest.

Ein ruckartiger Zug beider Spieler gleichzeitig entscheidet dann, welcher Halm der kräftigere war.

Kaputte Gräser werden weggeworfen. Der Gewinner macht mit dem gleichen Halm beim nächsten Spieler weiter. Das Spiel geht so lange, bis einer der Spieler keine Halme mehr besitzt. Gewinner ist, wer am meisten Halme übrig hat. Er wird dann zum Gras-Hakel-König ausgerufen.

TOPFKEGELN

Das brauchen Sie: fünf Blumentöpfe aus Ton oder Plastik, eine lange Schnur (etwa 3 m lang), hölzerne Vorhangkugel o. Ä. als Pendel, kleine „Überraschungen" (Bonbons, Nüsse etc.)

„Papa, erfinde uns doch wieder mal ein neues Spiel!" wird bald von Ihnen gefordert werden, wenn Sie ab und zu mit neuen Ideen aufwarten. Viel brauchen Sie nicht dazu, um dieses Kegelspiel zu verwirklichen: Fünf leere Blumentöpfe, die aus Plastik oder aus Ton sein können, eine lange Kordel, so etwa drei Meter lang, und ein kleines, festes Teil, das man ans Ende der Kordel binden kann – gut ist zum Beispiel eine hölzerne Vorhangkugel oder eine kleine Metallglocke, auch ein Schlüsselbund reicht aus.

Das andere Ende der Schnur binden Sie im Freien an einen tief hängenden Ast oder im Flur an die Deckenleuchte oder den Schaukelhaken. Das beschwerte Ende muss gerade noch über dem Boden frei schwingen können.

Unter dem Pendel stellen Sie nun die fünf Töpfe umgestülpt in einer Reihe auf; unter jeden kommt eine kleine Überraschung (eine Nuss, ein ausgeschnittener Witz, ein Gummibärchen und Ähnliches).

Die Spieler stellen sich ans Ende der Topfreihe, nehmen das Pendel in die Hand, ziehen es zu sich her und schicken es mit einem Stoß auf eine Umlaufbahn, sodass es zuerst links an der Topfreihe vorbeischwingt, auf dem Rückweg rechts vorbei und erst erst bei einer späteren Umkreisung einen der Töpfe trifft. Gelingt dies, erhält der Spieler den Inhalt.

PISTEN-BRETTERN

Das brauchen Sie: quadratisches Holzbrett (Durchmesser ca. 30 bis 50 cm, möglichst weiches Schnitzholz), Universalmesser oder Schnitzmesser und Stechbeitel, einen glatten Knopf

„Hat mir mein Papa gemacht", wird Ihr Kind stolz den anderen erzählen, die nach dem Woher seines neuesten Spiels fragen. Und Sie dürfen natürlich genauso stolz sein, obwohl es ganz einfach zu machen war.

Sie nehmen ein halbwegs quadratisches Brett aus weichem Holz, möglichst nicht zu faserig (Linde oder andere Schnitzhölzer sind ideal). Darauf zeichnen Sie eine Rennstrecke ein, etwa 2 bis 2,5 cm breit. Sie hat natürlich Start und Ziel, ein paar Geraden und viele Kurven. Der Verlauf ist so angelegt, dass eine möglichst lange Strecke entsteht.

Nun schneiden Sie mit einem Universalmesser an den beiden Rändern der Strecke etwa 2 mm tief ins Holz ein. Dann entfernen Sie mit Schnitzmesser oder Stechbeitel die Flächen außerhalb der Straße in dieser Tiefe. Zum Schluss ragt die Rennstrecke dann überall 2 mm übers Brett hinaus.

Das Rennen läuft mit einem glatten Knopf, der mit seiner gewölbten Rückseite auf den Kurs gelegt wird. Nur durch Neigen, Klopfen, Schütteln heißt es nun, ihn vom Start zum Ziel zu bringen. Rutscht er von der Strecke, muss von vorne angefangen werden. Wer schafft es als Erster ganz ins Ziel? Ein Tipp noch: Einreiben der Strecke mit trockener Seife oder einem Kerzenstummel macht sie schneller.

PUSTEBALL

Das brauchen Sie: dickeren Trinkhalm mit „Gelenk", kleine Styroporkugel oder Tischtennisball, hölzernen Zahnstocher

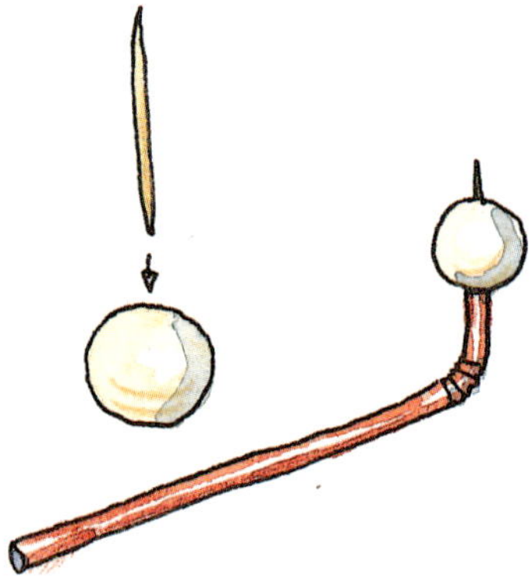

Ein kleines Geduldsund Geschicklichkeitsspiel, das an einem verregneten Ferientag ganz schnell gebastelt ist und lange Freude macht: Der Trinkhalm wird am „Gelenk" sauber rechtwinklig abgebogen. Als Ball geht am besten eine kleine Styroporkugel, aber ein Tischtennisball tut's auch (ist aber nachher nicht mehr brauchbar). Durch den Ball stecken Sie einen hölzernen Zahnstocher, einen von der runden Sorte. Er sollte unten mindestens einen Zentimeter herausschauen, und er muss möglichst genau durch den Mittelpunkt des Balls gehen. Also kommt alles auf das vorsichtige und genaue Durchspießen an! Beim Tischtennisball sollten Sie mit einer Nadel ein Loch vorbohren.

Nun den Trinkhalm so in den Mund nehmen, dass das kürzere Stück senkrecht nach oben steht, und den Ball mit der unten herausragenden Spitze auf die Mündung setzen. Vorsichtig blasen:

Der Ball schwebt! Und wer genauso gefühlvoll und vorsichtig mit Pusten aufhört, schafft es sogar, den Ball wieder sanft auf dem Trinkhalm landen zu lassen.

ZUNGENZWIRBLER

Unterwegs im Auto, nichts zur Hand und „Sind wir bald da?"-Quengler? Ziehen Sie ein paar Zungenbrecher aus dem Ärmel, und die ganze Gesellschaft wird ihre wahre Freude haben. Und das gleich doppelt, wenn auch Papa mit diesen Zungenzwirblern seine Probleme hat.

Vergessen Sie „In Ulm und um Ulm und um Ulm herum" – das kann jedes Kind sagen. Es klingt nur merkwürdig, ist aber nicht schwierig genug, um einen stolpern zu lassen. Besser sind da schon die altbekannten „Fischers Fritz fischt frische Fische – frische Fische fischt Fischers Fritz" und „Der Cottbusser Postkutscher putzt den Cottbusser Postkutschkasten". Für Fortgeschrittene ist auch „Blaukraut bleibt Blaukraut und Brautkleid bleibt Brautkleid" eine echte Herausforderung.

An diesem letzten Zungenbrecher erkennt man schon, worauf es ankommt: Etliche gleiche Konsonantengruppen am Wortanfang müssen zu Stolpersteinen werden, weil plötzlich ähnliche Gruppen auftauchen. Wenn diese dann noch zwischen Wortanfang und Wortmitte wechseln, kommt kaum jemand heil durch. Hier ist es: Bl – kr – bl – Bl – kr – Br – kl – bl – Br – kl.

Wie wäre es also zum Beispiel mit
„Schlachter Schlegelmann schmatzt,
Schutzmann Schlingelmann schnieft,
Schneider Schnipselmann schläft,
nur Schuster Schumann schnarcht"?
Wer das Dorfleben voll beherrscht, darf sich zoologischen Kuriositäten widmen:
„Statt nur schnöde ihre Schnäbel spitzen,
sollten Spatzen spitze Steine schlitzen,
dass die Spitzen aus den Spalten spritzen."

Manche Dinge gehen leider nur im Dialekt. Aber der vergessliche schwäbische Ober ist auch nicht von schlechten Eltern: „Der Kellner hat's B'steck z'spät b'stellt." Hier haben natürlich auch Schwaben ihre Schwierigkeiten.

Nicht so bei folgendem bayerischen Unsinnssatz, den echte Oberbayern mühelos nachsprechen – ganz im Gegensatz zu „Preiß'n": „A hoiwa Loawidoag in um an Zwoareng Vitrioiöi eigwoacht". Auf Deutsch: Ein halber Laibteig in um ein Zweipfennigstück Vitriolöl eingeweicht. Ergibt keinen rechten Sinn, aber umso größeren Lacherfolg.

Wenn Sie alle schon mal dabei sind – vielleicht erfinden Sie auch ein paar Zungenzwirbler oder auch Schüttelverse? Wie wär's denn mit: „Ein Nilpferd,
das viel fährt ist besser als ein Vielpferd,
das nie fährt"...?

TISCHFUßBALL

Das brauchen Sie: drei Blätter Papier (DIN A4), vier kleine Gegenstände (z.B. Streichholzschachteln)

In jeder Dorfwirtschaft, aber auch in vielen Hobbykellern zu Hause stand früher ein „Kicker“. Papa kann aber jeden beliebigen Tisch – zu Hause, im Ferienquartier, in der Gartenwirtschaft – in einen Kicker verwandeln. Genau genommen braucht er nicht einmal einen Tisch, es reicht jede ebene Fläche, die man irgendwie als Fußballfeld begrenzen und Tore auf ihr markieren kann.

Ein Ball? Nein, hier wird mit drei Bällen gespielt! Und woher nimmt man die? Ganz einfach: Drei Blätter Papier, etwa DIN A4 groß, werden ganz fest zusammengeknüllt und mit beiden Händen zu möglichst gleichmäßigen Kugeln gerollt.

An den Enden des Spielfelds mit kleinen Gegenständen (Streichholzschachtel, Salzstreuer) Tore markieren, die gut bierdeckelbreit sein sollen. Die Bälle nun in der Mitte des Spielfelds im Dreieck auslegen (je eine Handspanne voneinander entfernt). Der Jüngste beginnt: Er muss immer einen Ball zwischen den beiden anderen hindurchschießen, indem er ihn mit dem Zeigefinger anschnippt. Welchen er wählt, bleibt ihm bei jedem Schuss überlassen. Er bleibt so lange am Ball, wie er beim Schuss keinen anderen Ball berührt, nicht ins Aus gerät oder kein Tor schießt. Sonst ist der andere Spieler dran, und zwar bei einem Tor von der Mitte aus, bei Ballberührung von der gleichen Stelle und bei Aus von der entsprechenden Stelle der Linie.

Tipp: Bei glatten Tischflächen kann man auch mit drei gleichen Münzen spielen.

TASCHENMIKADO

Das brauchen Sie: volle Schachtel Zündhölzer, Taschenmesser, Filzstift

Es gibt zwei Möglichkeiten: Sie können ein Taschenmikado-Spiel zu Hause schön gestalten und dann für alle Fälle in der Tasche mit dabei haben. Sie können es aber auch im „Katastrophenfall" ganz schnell herstellen.

So geht es: Von allen Streichhölzchen (Sie brauchen möglichst 39, es dürfen aber natürlich auch ein paar weniger sein) zunächst die Zündköpfe abschneiden. Dann markieren Sie sie wie folgt: ein Mikado bekommt mit dem Stift vier Ringe aufgemalt (er zählt 20 Punkte), drei Zehner bekommen drei Ringe, fünf Fünfer zwei und zehn Dreier einen Ring (zu Hause können Sie die Hölzchen mit Filzstiften farbig markieren). Die 20 Zweier bleiben unmarkiert. Die Regeln sind bekannt: Ein Spieler fasst alle Hölzchen zusammen mit Daumen und Zeigefinger, stellt sie senkrecht auf den Tisch und lässt sie auseinander fallen. Stück für Stück muss er sie nun einzeln vom Haufen wegnehmen, ohne dass sich etwas bewegt. Ist dies der Fall, muss er sofort aufhören, und es zählen nur die „geretteten" Hölzchen. Wer schon einen Zehner oder den Mikado gesichert hat, darf dieses Stäbchen zu Hilfe nehmen. Taschenmikado ist schwieriger als das echte, da die Hölzchen kürzer sind und die nicht angespitzten Enden das Aufrichten erschweren.

MORRA

Ein altes Männerspiel aus Italien – einfach, spannend und überall sofort zu spielen: im Auto, im Zug, auf der Wanderung, im Gasthaus ... Eben auch so ein Knüller, den Sie schnell aus dem Hut zaubern können, wenn wieder mal die große Langeweile droht. Oder auch nur, wenn Papa findet, es sei mal wieder Zeit für eine seiner neuen Ideen.

Für Morra braucht man nichts als seine Finger und ein bisschen die Gabe, seinen Gegenspieler einzuschätzen. Es geht so: Beide sitzen oder stehen sich gegenüber. Einer zählt immer ein: „Eins, zwei ..." und statt „... drei" rufen er und der andere Spieler gleichzeitig eine Zahl und strecken keinen bis fünf Finger der rechten Hand aus.

Das Einzählen ist wichtig für die Gleichzeitigkeit. Die Zahl, die gerufen wird, ist die geschätzte Anzahl der gezeigten Finger von beiden Spielern – sie kann also zwischen null (beide zeigen keinen Finger) und zehn (beide zeigen alle fünf) liegen. Gleichzeitig werden eben von beiden Spielern auch null bis fünf Finger gezeigt.

Die linke Hand dient bei diesem Spiel zum Punkte zählen; denn jede richtige Voraussage gibt einen Punkt. Wer zuerst fünf Punkte hat, ruft „Morra!" und hat das Spiel für sich entschieden. Eine neue Runde kann beginnen.

GEISTERBAHN

Das brauchen Sie: Luftballon, Eimer, Waschlappen, Gummihandschuh, dunkles Halstuch

Die Inszenierung macht besonders Spaß, wenn mehrere Kinder (ab etwa 8 Jahren) mitspielen, bei einem Kindergeburtstag zum Beispiel. Sie erklären, Sie hätten in einem Zimmer eine Geisterbahn aufgebaut und wollten feststellen, welches das unerschrockenste Kind sei. Keinem solle etwas passieren, ein bisschen gruslig sei es aber schon ...

Ein Kind nach dem anderen bekommt die Augen verbunden und wird von einem Helfer (Mama) ins Zimmer geführt. Es muss dort langsam geradeaus gehen, darf die Hände nicht ausstrecken. Im Zimmer soll es auch möglichst dunkel sein, damit die Wartenden beim Öffnen der Tür nichts sehen.

Jedes Kind muss nun in der Geisterbahn einige Mutproben über sich ergehen lassen, und nachher wird entschieden, wer am wenigsten geschrien, gequietscht oder gekreischt hat.

Erstes Ereignis: Sie klatschen einen halben Meter vor dem Kind in die Hände. Zweites Ereignis: Das Kind stößt mit der Nasenspitze an einen Luftballon. Drittes Ereignis: Sie heben einen kleinen Wassereimer so an, dass die Hand des Kindes eintaucht. Viertes Ereignis: Ein nasser Waschlappen streift sein Gesicht. Fünftes und Höhepunkt: Ein nasser Gummihandschuh, gefüllt mit Wasser oder nassem Sand, schiebt sich dem Kind zum Handschlag in seine Hand.

So viel dabei gekreischt wird, so viel wird nachher noch davon geschwärmt!

SUKA

Das brauchen Sie: ein rundes Stück Holz, (Durchmesser ca. 2 bis 2,5 cm, Länge pro Mitspieler ca. 10 cm), Taschenmesser

Für dieses russische Spiel bastelt man für jeden Mitspieler acht Sukas. Das geht so: Ein daumendickes, rundes Stück Holz (Ästchen) wird in vier halb daumenlange Stücke geteilt und diese wiederum der Länge nach gespalten.

Der erste Spieler sammelt die Sukas aller Mitspieler ein und lässt sie etwa dreißig Zentimeter über dem Tisch, Fuß- oder Erdboden fallen.

Was senkrecht steht, heißt Pop und darf sofort vom Werfer weggenommen werden. Übrig bleiben Dyrkas (Rundung unten) und Doverkas (Rundung oben). Nun darf der Werfer mit dem Zeigefinger immer ein Dyrka gegen ein Dyrka und ein Doverka gegen ein Doverka schnippen. Trifft er, darf er das getroffene Suka nehmen. Stellt sich ein getroffenes Dyrka oder Doverka zu einem Pop auf, darf der Werfer beide beteiligten Sukas nehmen. Hölzchen, die zusammen liegen, wie die Zeichnung links es zeigt, müssen erst so angeschossen werden, dass sie auseinander fallen (ohne das falsche Hölzchen zu treffen!), damit sie dann beim nächsten Mal gewonnen werden können.

Das geht so lange, bis der Spieler beim Schnippen einen Fehlschuss tut oder ein Dyrka ein Doverka oder umgekehrt trifft.

Dann sammelt der nächste Spieler alle noch liegenden Hölzchen ein und wirft erneut.

Wenn zum Schluss nur noch je ein Dyrka und Doverka liegt, wirft sie der Nächste. Bei einem Pop darf er beide Hölzchen nehmen, bei zwei Dyrkas oder Doverkas die beiden aufeinander schießen, und bei ungleichen kommt der nächste Spieler dran. Gibt es nur noch ein Hölzchen, wird reihum bis zu einem Pop geworfen.

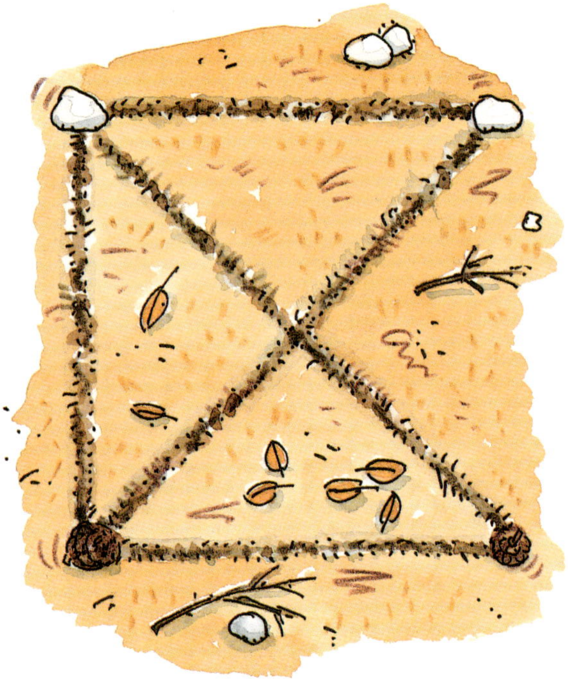

UMUL KONU

Das brauchen Sie: je zwei gleiche Spielsteine (Muscheln, Kieselsteine, Mühlesteine), Kreide o. Ä. zum Markieren des Spielfelds

Papa weiß auch, was Kinder in Korea spielen. Umul Konu nämlich, das man zu Hause auf einem Blatt Papier aufzeichnen, am Strand oder im Wald in den Boden ritzen oder auf dem Gehweg oder im Hof mit Kreide oder Ziegelscherbe aufmalen kann (siehe Zeichnung).

Jeder der beiden Spieler braucht zwei Spielsteine, die sich von denen des Gegners unterscheiden. Zu Hause können das zwei gleiche Knöpfe sein oder zwei gleiche Münzen oder auch je zwei schwarze und weiße Mühlesteine. Draußen nimmt man Steine, Muscheln, Zapfen, Blätter – was die Umgebung gerade so hergibt.

Die Ausgangsposition der Steine ist in der Zeichnung angegeben. Nun hat jeder Spieler abwechselnd einen Zug und darf mit einem seiner Steine auf das jeweils freie Feld ziehen (vier sind in den Ecken, eines an der Kreuzung). Ausnahme: Zu Beginn darf man nicht den Stein in der spitzen Ecke ziehen, sonst wäre das Spiel ja gleich zu Ende. Das ist nämlich der Fall, sobald einer der Spieler mit keinem seiner Steine mehr ziehen kann.

PAPAs WERKE

Natürlich gibt es die tollsten Dinge zu kaufen. Aber Kinder lieben das Besondere, das Unikat. Sie sind schließlich auch einzigartig und wollen so behandelt werden. Hören Sie den Unterschied, wenn Ihr Kind sagt: „Hat mir Papa gekauft“ oder „Hat mein Papa gemacht“? Hier ist Erfindergeist gefragt, und Sie können Ihren Improvisationskünsten freien Lauf lassen

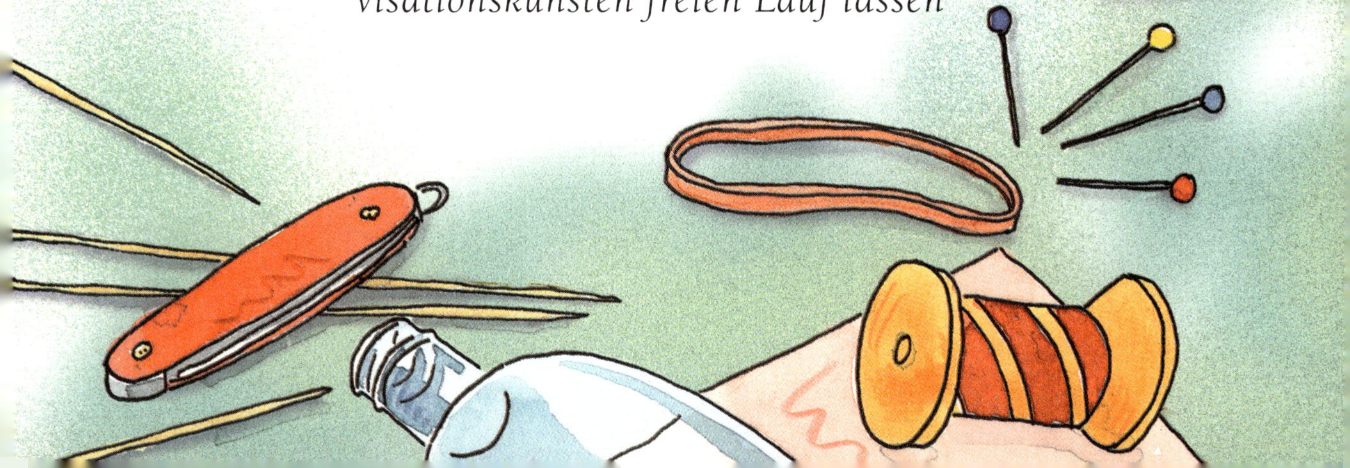

DER SPAZIERSTOCK

Das brauchen Sie: ein gutes Taschenmesser

Kurz vor der Heimkehr vom Spaziergang müssen Kinder und Hunde ihr geliebtes Stöckchen zurücklassen, damit es in der Straßenbahn nicht im Weg ist und erst recht nicht zu Hause in der Wohnung herumliegt. Ist Ihnen das schon einmal aufgefallen? Dann müssten Sie auch gemerkt haben, wie sehr sie an ihrem geliebten „Wanderstab" hängen!

Kinder marschieren auch lange Strecken viel klagloser, wenn sie „ihren" Stock haben. Nutzen Sie das schamlos aus, indem Sie ihnen erst dann einen geben, wenn sie anfangen müde und lustlos zu werden. Suchen Sie gemeinsam nach einem geeigneten Baum oder Strauch (Hasel, Weide), und schneiden Sie dort einen daumendicken, geraden, etwa schulterhohen Ast sauber ab.

Zunächst schaffen Sie einen glatten, angenehmen Griff, indem Sie am oberen Ende die Rinde entfernen und das Holz mit dem Messer gut glätten. Schnitzerisch Begabte können ganz oben vielleicht noch eine „Galionsfigur" aus dem Holz herausarbeiten.

Der Rest wird verziert, indem man Bänder und Streifen, Karos und Spiralen mit dem Messer in die Rinde schneidet und diese teilweise ablöst.

Solche Wanderstöcke schmutzen nicht (da keine trockene Rinde krümeln kann); sie können mit nach Hause und wieder auf die nächste Wanderung genommen werden.

DAS WINDRAD

Das brauchen Sie: große, nicht gerillte Mineralwasser- oder Limoflasche aus dünnem Plastik und zwei dazu passende Plastikschraubdeckel, einen dicken Nagel und einen etwas dünneren (Länge 10 cm), Feuerzeug, Schere, Tacker, Klebstoff, Hammer

Eine große Plastik-Mineralwasserflasche ist zu schade zum Wegwerfen. Durch ein raffiniertes Recycling-Verfahren wird aus ihr ein Windrad! Und das geht so: Unterteil der Flasche in 8 bis 10 cm Höhe möglichst gerade abschneiden. Vom Rand her in gleichmäßigem Abstand viermal im Winkel von 45 Grad einschneiden, und zwar bis etwa zur halben Höhe (siehe unten).

Den Boden der Flasche und die beiden Schraubverschlüsse mit einem heiß gemachten, dicken Nagel genau in der Mitte

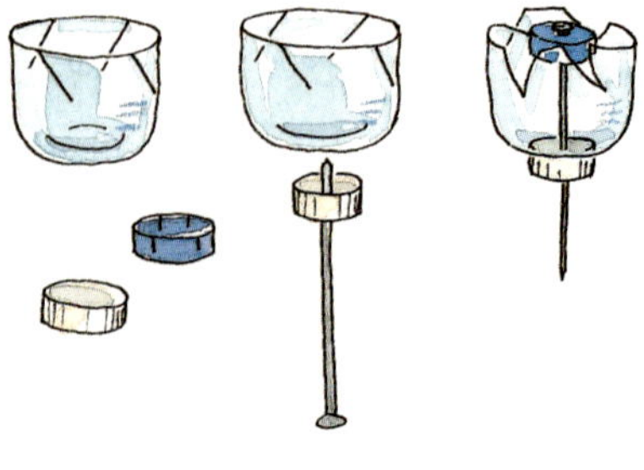

durchstoßen. Den einen Schraubdeckel vom unteren Rand her zweimal über Kreuz einschneiden (es entstehen vier Einschnitte). Anschließend den dünneren Nagel (damit sich das Windrad später leicht dreht) von oben durch den Deckel und dann ebenfalls von oben durch den Flaschenboden und den zweiten Schraubdeckel dahinter als Drehlager stecken.

Spitze Ecken am oberen Flaschenrand – am besten erst zwei gegenüberliegende – in die Schlitze des Deckels stecken (halten besser, wenn man vorher senkrecht Heftklammern durch die Ecken tackert), gut mit Klebstoff fixieren und trocknen lassen. Dann kommen die beiden anderen Ecken dran. Das Windrad an einen Pfahl nageln – läuft wie eine Eins!

LEBENDES HAUS

Das brauchen Sie: etwa zwei Dutzend mannshohe, frisch geschnittene Weidenruten, Stück Schnur oder Blumendraht

Ein eigenes Häuschen im Garten zum Verstecken ist für Kinder das Höchste. Mit ganz wenig Aufwand können Sie ihnen die Freude machen – und nebenbei kann Papa mal wieder ein kleines Wunder wirken. Erkundigen Sie sich bei Gärtnern, Floristen, Landwirten oder Förstern, wo Sie im Frühjahr frisch geschnittene, etwa mannshohe Weidenruten bekommen können, etwa zwei Dutzend Stück. Diese stecken Sie, schön im Kreis, in einer Ecke des Gartens oder Rasens 10 cm tief in den Boden. Sie können dies schräg tun, dann gibt es eine Art Indianer-Tipi. Oder senkrecht, dann müssen Sie die Spitzen nach innen biegen und zusammenbinden. Fertig ist das Haus.

Und dann? – Wenn Sie den Boden immer schön feucht halten, werden die „Wände“ nach einiger Zeit ausschlagen und Blätter sprießen lassen!

ECKENGUCK

Das brauchen Sie: zwei Flaschenkartons mit quadratischer Grundfläche, zwei gleich große, rechteckige Taschenspiegel, Bleistift, Lineal, Schere, Klebstoff und doppelseitiges Klebeband

Ein herrliches Spielzeug für Versteckspiele, Räuber und Gendarm (und nicht zu vergessen: das Fangen von Nilpferden!) ist der Eckenguck. Und man kann ihn nirgendwo kaufen, es sei denn bei Militärausrüstern für teures Geld.

Das Prinzip: In eine Pappröhre wird oben und unten je ein Spiegel im Winkel von 45 Grad eingebaut. Die Spiegel „gucken sich an", der untere schaut aber gleichzeitig nach hinten, der obere nach vorn aus der Röhre (siehe Zeichnung). Am schönsten und stabilsten ist natürlich eine lange Briefrolle, aber dazu braucht man dann auch passende runde Spiegel.

Einfacher ist es, zwei Flaschenkartons mit quadratischer Grundfläche hintereinander zu kleben. Diese Röhre erhält unten hinten und oben vorne einen Ausschnitt.

Hinter diese Ausschnitte werden die Spiegel auf eine Pappschräge geklebt. Mit dem Anfertigen und Einkleben dieser Schräge muss man sehr genau sein: Eine Seite kommt in die Kante gleich hinter dem Guckloch, die andere muss von der gegenüberliegenden Kante so viel Zentimeter weg sein wie das Guckrohr Durchmesser hat (siehe Zeichnung).

In der Mitte dieser Schrägen werden die Spiegel mit doppelseitigem Klebeband angebracht.
Nun kann man mit diesem Eckenguck ganz heimlich über Fenstersimse und Holzstöße hinweg-, oder seitlich hinter Hausecken oder Türrahmen hervorspähen – ohne dass man selbst gesehen wird.

FERTIGHAUS

Das brauchen Sie: stabile Kisten oder Kartons, Krepp- oder Paketklebeband, Zeitungen, Kleister, Farben

„Wir bauen ein Haus – ein Nilpferdhaus!" Mit einer solchen Ankündigung wird Papa – wie mit dem „Lebenden Haus", S. 39 – Begeisterung auslösen. Aber womit bauen wir diesmal? Geeignetes Material gibt es in Hülle und Fülle, und ganz umsonst: Fragen Sie mal beim nächsten Supermarkt oder Gemüsehändler, wann er seine Lieferungen bekommt. Bitten Sie ihn einfach, eine Ladung möglichst gleichartiger Steigen aus verstärkter Wellpappe oder Holz nicht gleich platt zu machen, sondern für Sie zu reservieren. Natürlich müssen Sie oder Ihre Kinder die „Bausteine" dann auch gleich abholen, sonst sind sie dem Kaufmann im Weg. Das Gleiche geht übrigens auch ausgezeichnet mit Schuhgeschäften und deren Kartons! Die Kisten lassen sich im Garten oder im Hobbykeller prima zu Hauswänden (als Dach zum Beispiel eine Decke), zu Kaufladentheken oder Kasperletheater-Bühnen verbauen. Man kann auch Raumstationen, Burgen und alles konstruieren, wonach der Fantasie Ihrer Kinder gerade ist (und was man in Kleinformat auch mit Bauklötzen machen könnte). Wenn das Ganze ein bisschen stabiler sein soll, hilft eine Rolle Krepp- oder Paket-Klebeband. Noch haltbarer wird's, wenn man die Fronten mit Zeitungsblättern überzieht, die zuvor in Kleister getaucht wurden. So kann man die Bauwerke sogar anmalen!

HEULKONZERT

Das brauchen Sie: ein Holzlineal oder eine Latte mit Loch, Stück Schnur (ca. 1 bis 2 m lang), Klebeband, Streichhölzer, Plastikbecher, -flaschen-, röhrchen usw.

Heul- und Zwitschertöne geben alle möglichen Dinge von sich, wenn man sie an einer Schnur schnell durch die Luft kreisen lässt. Lassen Sie es Ihre Kinder mal versuchen und geben Sie ihnen Tipps, was sich zum Bau der „Heulmaschine“ am besten eignet: zum Beispiel ein Holzlineal mit Loch, an dem man die lange Schnur gut festknoten kann. Dazu als „Heuler“ etwa eine dünne Briefrolle, an beiden Enden offen (zum Festmachen ein Loch in den Rand bohren), ein Reststück geripptes Kabelrohr von der Baustelle, ein Plastikröhrchen für Brausetabletten oder eine große Getränke-Plastikflasche, in deren Seitenwand der Länge nach ein etwa 0,5 cm breiter Schlitz geschnitten wurde (die Schnur innen am Deckel mit einem quer eingebundenen Stück Streichholz sichern, Deckel fest verkleben).
– Jetzt sind der Experimentierfreude keine Grenzen gesetzt!

DÜSENPOST

Das brauchen Sie: Luftballon, längeres Stück dünne Schnur, Wäscheklammer, Trinkhalm, Klebeband

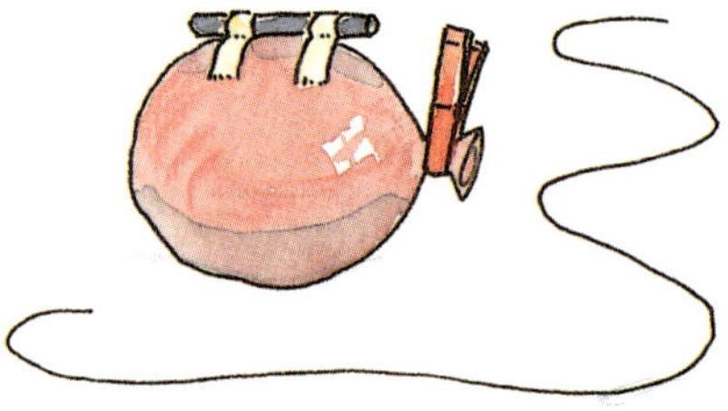

Dazu spannen wir eine dünne Schnur, die wir zuvor mit einem Stück Seife oder einem Kerzenstummel eingerieben und ganz glatt gemacht haben – entweder zwischen zwei Stuhllehnen oder eben von einem Balkon zum anderen. Aber schön stramm muss die Schnur sein!

Der Ballon wird gut aufgeblasen und mit einer Wäscheklammer fest verschlossen. Mama muss einen Trinkhalm herausrücken, von dem wir die Hälfte mit Klebeband der Länge nach oben auf den Ballon kleben. Damit wird er nun auf die Schnur

gefädelt und diese wieder ordentlich festgemacht. Nun noch die Wäscheklammer entfernen – und ab geht die Post!

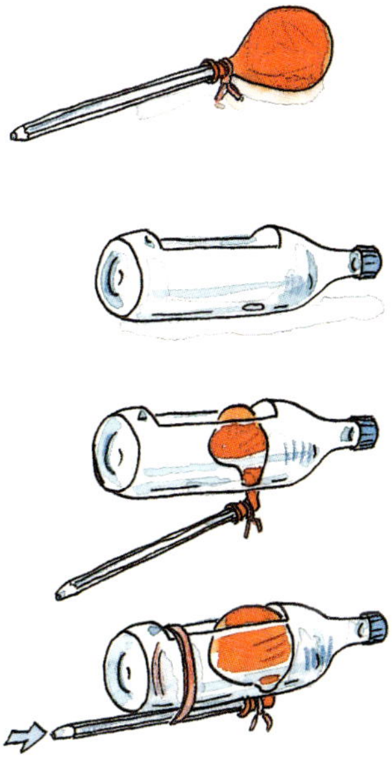

BALLONBOOT

Das brauchen Sie: Luftballon, Einmal-Kuli, Mineralwasserflasche aus dünnem Plastik, Gummibänder (ein bis zwei breitere und ein kleines), Knetmasse, Schere

Schiffchen sind bei Kindern immer der Renner. Besonders, wenn sie von selber fahren. Und erst mit Düsenantrieb! Für Papa ist das ganz einfach, denn er braucht nur einen seiner berühmten Ballons (diesmal möglichst einen länglichen), eine seiner praktischen Plastikflaschen und ein paar andere Kleinigkeiten, die oben genannt sind. In die Flasche wird der Länge nach ein Fenster geschnitten (siehe Zeichnung), ihm gegenüber, dem Halsende zu, ein Loch gebohrt. Das soll gerade so groß sein, dass der Ballonhals von innen durchgesteckt werden kann. In den Ballonhals steckt man das dicke Ende des Kulis, aus dem man Mine und Endstöpsel entfernt hat. Mit dem kleinen Gummiring gut festmachen. Den Kuli nun mit der Spitze nach hinten (Richtung Flaschenboden) am Bauch des Schiffes (gegenüber der Luke) anlegen und mit den breiten Gummiringen, über die Luke hinweg, festmachen. Der Kuli soll hinten etwas überstehen. Ballon ebenfalls unter die breiten Ringe, ins Bootsinnere stecken. Nun fehlt noch ein beschwerender Kiel. Das ist die Knetmasse, die um den Kuli herum festgedrückt wird. Jetzt durch den Kuli den Ballon aufblasen, Öffnung mit dem Daumen kurz verschließen, Boot ins Wasser – und Leinen los!

DÜSENDAMPFER

Das brauchen Sie: dickes Brett (optimal Balsaholz für den Modellbau), Stechbeitel, Säge, Bohrer, Drahtzange, dicker Draht, Stück Blech (oder Alufolie), Spiritus-Tablette, kleines, wassergefülltes (!) Medizin-Tropffläschchen mit Deckel

War das Ballonboot ein Erfolg? Also gleich noch ein Schiff mit Düsenantrieb. Und das stellt das Vorige sogar noch in den Schatten, weil auf ihm ein echtes Feuer brennt!

Aus dem Holzbrett eine Schiffsform mit Bug sägen. Optimal ist es, wenn man das Boot von oben her mit dem Stechbeitel noch ein bisschen aushöhlt. Abhängig von der Größe des Tropffläschchens in der Schiffsmitte vorne und hinten je ein Loch bohren, das nur zu 2/3 ins Holz geht. Dort zwei aus Draht zurechtgebogene Halter einstecken, wie sie die Zeichnung zeigt.

Zwischen die Halter kommt eine feuerfeste Unterlage aus Blech oder mehreren Lagen Alufolie, auf der eine Spiritus-Tablette liegt. Der Tropfeinsatz des Fläschchens wird entfernt, der Plastikdeckel erhält oben nahe am Rand ein feines Loch. Dann wird das Fläschchen zu 1/3 bis 1/2 mit Wasser gefüllt, am besten schon mit heißem.

Diesen „Dampfkessel“ nun so auf die Halter legen, dass der Deckel mit der Düse nach hinten oben zeigt. Jetzt die Spiritus-Tablette anzünden und warten, bis das Wasser anfängt zu sieden: Der Dampf tritt durch die Düse nach hinten aus und treibt das Boot damit nach vorne!

SEIFENMOTOR

Das brauchen Sie: Pappteller oder Styropor-Scheibe, Stück Seife oder Spülmittel

Weniger spektakulär, dafür umso geheimnisvoller ist Papas dritter Schiffsantrieb: Man hört überhaupt nichts, und trotzdem fährt das Schiff!

Hierzu einen möglichst einfachen und extrem leichten Schiffskörper nehmen (etwa gewachsten Karton von Papptellern oder ein Stück Styropor). Am Heck eine Spalte anbringen (siehe Zeichnung), in die man ein Stückchen Seife klemmen oder einen Tropfen Spülmittel fallen lassen kann, ohne dass er sich gleich im ganzen Wasser verteilt.

Sobald das geschehen ist, bewegt sich das Boot auf absolut ruhigem Wasser (zum Beispiel in der Badewanne) nach vorn, da hinter ihm die Oberflächenspannung des Wassers zerstört ist.

DANIEL DÜSENTRIEB

Das brauchen Sie: Plastikröhrchen, Essig, Backpulver

So, jetzt ist eine richtige Rakete fällig. Papa kann nämlich auch Raketen bauen!

Was man dazu braucht, findet sich alles in der Küche: Ein Plastikröhrchen für Brausetabletten, Essig und Backpulver.

Vorsicht, das kann eine Sauerei geben und „darf nicht ins Auge gehen", also in der Spüle probieren!

Zuerst einen Teelöffel Backpulver ins Röhrchen geben, dann einen guten Schuss Essig drauf – und sofort den Stopfen verschließen und das Röhrchen legen. Na? Noch nichts? Aber nach ein paar Sekunden macht es „Plopp!" und es haut den Stöpsel aus dem Röhrchen.

Auch damit kann man einen Schiffsantrieb bauen: Man nehme den Düsendampfer (Seite 44), entferne die Feuerung und fülle das Gemisch in das Fläschchen mit

dem feinen Loch im Deckel. Wenn's nicht gut funktioniert: Eine heftigere Reaktion gibt es, wenn man statt Backpulver Soda nimmt (doppelt kohlensaures Natron, aus Drogerie oder Apotheke).

Man kann diesen Antrieb auch kombinieren mit dem Ballon-Boot (Seite 43): Einfach den Ballonkörper abschneiden und den Hals über das Plastikröhrchen ziehen und mit einem Gummiring gut festmachen.

GELÄNDE-TRECKER

Das brauchen Sie: (hölzerne) Fadenspule, Streichholz, Bleistift oder Schaschlikspieß, breite (ca. 2 bis 3 mm) und kräftige normale Gummiringe

Zuerst müssen Sie eine dieser altmodischen, möglichst hölzernen Fadenspulen auftreiben, die es heute nicht mehr in jedem Haushalt gibt (aber irgendwer von der älteren Verwandtschaft wird schon noch so etwas haben, sonst hilft vielleicht der Kurzwarenhandel, oder aber eine moderne Plastikspule kann entsprechend mit Profilreifen „nachgerüstet" werden).

Die leere Spule ist nämlich Antrieb und Fahrzeug in einem – statt Allrad also Einrad- bzw. Nur-Rad-Antrieb! Dazu wird ein kräftiger Gummiring durch das Loch in

der Mitte geführt. Durch die auf einer Seite erscheinende Schlaufe schiebt man ein halbes Zündholz ohne Kopf und klebt es gut auf der Spule fest. Durch die Schlaufe auf der anderen Seite wird ein Bleistift oder Schaschlik-Spieß gesteckt, sodass ein Ende nicht über die Spule hinausragt. Der nun entstandene Gummimotor wird durch Drehen des langen Teils aufgezogen. Festhalten und auf den Boden setzen: Der Trecker marschiert. Dreht er zu leicht durch, kleben Sie ihm Reifen und Profil aus breiten Gummiringen auf seine Felgen. Soll er über Stock und Stein klettern, kerben Sie seine (möglichst hölzernen) Felgen mit dem Messer ein.

Der Kerl ist ein Tausendsassa und nimmt sogar ganz ordentliche Steigungen!

BOTTEL-BUS

Das brauchen Sie: zwei gleiche Fadenspulen, 2 Bleistifte oder Schaschlikspieße, eine Papprolle (8 bis 10 cm Durchmesser), weißes Papier, Schere, Klebstoff, Wasserfarben

Da Sie nun schon eine Quelle für Fadenspulen aufgetan haben – oder mit der Umrüstung moderner Spulen (siehe oben) vertraut sind! – brauchen wir sogar zwei

davon, die auch noch gleich sein müssen und ihr Loch so groß, dass ein Bleistift oder Schaschlikstab durchpasst. Als Nächstes benötigen wir eine dicke runde Papprolle, am besten den Karton einer Whiskybottel, eine dicke Briefrolle oder eine Dose für Cappucino-Pulver.

Die Rolle mit weißem Papier überziehen. Dann auf der Langseite, jeweils kurz vor dem Ende, zwei rechteckige Öffnungen aus der Rolle schneiden. Sie müssen groß genug sein, dass eine Fadenspule quer zur Rolle durchpasst (am besten geht das mit dem Brotsägemesser). Gleich neben den nicht gebogenen Seiten

dieser Öffnungen werden mittig Löcher gebohrt; zuerst mit der Scherenspitze, dann langsam mit einem Bleistift ausweiten. Nun bei jedem Fenster einen Bleistift oder Schaschlikspieß zuerst durchs eine Loch, dann durch eine Spule, dann durchs andere Loch durchstecken.

Zum Schluss noch den Bus bemalen: Fenster mit vielen Leuten auf der Seite, vorne eine Windschutzscheibe mit Fahrer. Und groß die Firma drauf: Papa Tours.

MUTTERTAGS-DEMO

Das brauchen Sie: alte Zeitungen, Tapetenkleister, Krepp-Klebeband, Farbroller und -pinsel, Kartons, Dispersions- und Plakafarben

Papa ist natürlich auch für Ideen zum Muttertag aufgerufen, wenn's denn mal ein bisschen mehr sein soll als die Papierblumen aus dem Kindergarten, die alle Mütter bekommen. Und Mama hat's ja wirklich verdient, gefeiert zu werden, wenn sie bis hierher bei allen verrückten Spielen und entführten Gerätschaften ein Auge zugedrückt hat.

Hier nur zwei Ideen, wie man sie hochleben lassen könnte, so richtig hoch, dass es andere auch mitkriegen, wie toll unsere Mama ist.

Die erste: Im Keller kleben wir unbemerkt am Tag zuvor ein riesengroßes Plakat aus Zeitungs-Doppelseiten zusammen (geht gut und preiswert mit Krepp-Klebeband). Mit Dispersionsfarbe und Farbroller wird alles grundiert und dann groß draufgeschrieben: „Unsere Mutti ist die beste!" oder: „Mama, wir danken dir!" oder auch: „Alle sollen es wissen: Wir lieben unsere Mama!" Und morgens früh, bevor sie aufsteht, wird es im Garten am Wäscheseil aufgehängt, an einem Baum oder an Zaunpfosten.

Wer sich etwas mehr zutraut, setzt Mama ein Ehrendenkmal: Innenkonstruktion aus allen möglichen Kartons (mit Krepp-band stabilisiert), Außenhaut aus in Kleister getauchten Zeitungsblättern. Groß muss es sein und ebenfalls mit Dispersions- und Plakafarben bemalt. Und es trägt ein Schild: „Mama ist die Größte".

LUFTIKUS

Das brauchen Sie: Müllbeutel, transparentes Paketklebeband, buntes Papier und Plastiktüten, Staubsauger

Nix los? Die Kinder lungern im Garten herum? Die Nachbarskinder auch? Für diesen Fall haben Sie einfach eine Großpackung großer, besonders leichter Müllbeutel auf Lager und eine Riesen-Rolle Paket-Klebeband. Und einen Staubsauger gibt's in jedem Haushalt.

Gleich geht's los: Staubsauger auf die Terrasse rollen, aber noch nicht einschalten. Einen Müllsack mit der Öffnung möglichst dicht um die Luftaustrittsöffnung des Staubsaugers kleben. Am anderen Ende ein faustgroßes Loch in den Beutel schneiden.

Jetzt den Staubsauger einschalten. Der Beutel bläht sich auf. Der nächste wird an das Loch im ersten geklebt, nicht jedoch, bevor auch er am anderen Ende wieder eines hat – sonst platzt das Plastik. Fürs Erste kann man damit einen Riesen gestalten. Um ihn besser formen zu können, kann man einzelne Säcke mit Packband etwas enger kleben. Und damit er schöner aussieht, bekommt er Gesicht und Kleidung aus buntem Papier oder Plastik (von Einkaufstüten) angeklebt.

Übrigens wäre das ja auch eine Idee für das Muttertagsdenkmal (siehe linke Spalte). Es lässt sich vielleicht im Keller vorbereiten und am nächsten Tag einfach aufblasen – und Mama kann vielleicht sogar selbst den Startknopf drücken.

FENSTERBILDER

Das brauchen Sie: Frischhaltefolie, Klebstreifen, Bunt- und Transparentpapier, wasserfeste Stifte, verschiedenfarbige Kerzen usw.

Kinder lieben bunte Fensterbilder in ihrem Zimmer – Müttern sind sie oft ein Gräuel, denn die meisten Sachen gehen einfach schlecht wieder ab, und die Klebstreifen-Reste verursachen mühevolles Rubbeln. Natürlich gibt es wunderbare neue Techniken und Materialien zu kaufen, aber die sind doch ziemlich teuer. Aber Papa hat natürlich wieder die Idee!

Und zwar schlägt er vor, als Trägermaterial einfach die dünne Frischhaltefolie von der Rolle zu nehmen – die pappt von selbst, ist durchsichtig und geht rückstandslos wieder ab. Auf ihr kann man alles hemmungslos mit Klebestreifen festmachen: Ausgeschnittenes aus Bunt- und Transparentpapier, gepresste Blumen oder Klebebildchen. Und man kann mit wasserfesten Stiften auch darauf malen, am schönsten sind natürlich transparente Farben.

Eine weitere Möglichkeit kann schon fast künstlerischen Anspruch erheben: Mit verschiedenfarbigen Kerzen tropft man farbige Wachsbilder auf die Folie, die man dazu am besten auf eine kühle Glasscheibe (oder auch auf die Wasseroberfläche einer Schüssel) legt.

Solche Wachsbilder lassen sich auch von der Folie abnehmen, sauber beschneiden und auf andere Gegenstände aufkleben.

WASSER-UHR

Was Sie brauchen: einen viereckigen Flaschenkarton, eine Plastik-Mineralwasserflasche, weißen Karton, schwarzen Filzstift, zwei Stricknadeln (oder Schaschlikspieße), zwei Weinkorken, ein Stück Schnur (ca. 50 cm Länge), Knetmasse, Schere, Klebstoff

Papa kann eine Uhr machen, die mit Wasser läuft. Ehrlich! Dazu schneidet er in einen viereckigen Flaschenkarton von hinten eine Tür. Eine Plastik-Mineralwasserflasche wird in der Mitte quer halbiert, der obere Teil kommt umgekehrt auf den unteren, nachdem man den Schraubverschluss durchbohrt hat. Das Ganze stellt man durch die Tür in den Karton.

Auf der Vorderseite erhält das Uhrengehäuse am oberen Ende ein Zifferblatt. Durch seine Mitte wird eine von Mama gemopste Stricknadel (oder ein Schaschlikspieß) und darauf ein Weinkorken gesteckt, bevor diese Achse auch die Hinterwand durchbohrt. Vorne wird ein schwarz bemalter, eingeschnittener Pappzeiger aufgesteckt und an der Drehachse festgeklebt: Im Karton soll die Achse leicht laufen, Kork und Zeiger aber müssen fest sitzen. Eine Idee höher, aber weiter seitlich, wird eine zweite Achse durch den Karton gesteckt. An einer Schnur, etwa so lang wie die ganze Flasche, wird an einem Ende ein Korken befestigt, der im oberen Flaschenteil hängen soll. Die Schnur führt von da nach oben, über beide Achsen (einmal um den Korken der Uhr-Achse gewickelt) zur Uhrwand hin und hängt seitlich herunter, beschwert durch einen kirschgroßen Knetmasseklumpen.

Jetzt Wasser in den oberen Flaschenteil füllen, tropfen lassen, und in gleichmäßigen Abständen Striche aufs Zifferblatt einzeichnen.

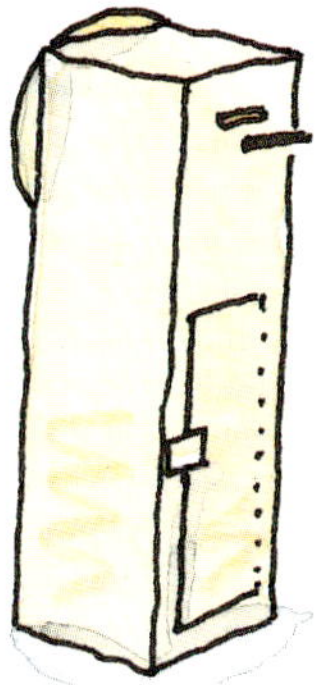

HUBSCHRAUBER

Das brauchen Sie: ein Blatt Papier (DIN A4), Schere, Büroklammer

Papierschwalben kann ja jeder. Aber Papa kriegt sogar ein Nilpferd zum Fliegen! Naja, vielleicht nicht so ganz. Aber einen Hubschrauber kann er bauen. Er braucht dazu nur ein Stück Papier und eine Schere (zur Not kann man das Papier auch falzen und reißen). Es ist zugegebenermaßen eher ein Fallschrauber, aber trotzdem ein tolles Spielzeug und im Nu gezaubert!

Von einem A4-Blatt die Hälfte nehmen, diese noch einmal längs teilen. Von der oberen Schmalseite her in der Mitte einen Schnitt bis zu einem Drittel der Gesamtlänge machen. An beiden Langseiten in der Mitte ebenfalls zu je einem Drittel einschneiden. Nun die untere Papierhälfte von den Seiten her zur Mitte klappen, so weit es die seitlichen Einschnitte erlauben. Beide Teile überlappen sich. Den entstandenen „Stiel" unten etwa ein bis zwei Zentimeter umklappen. Von den beiden oberen Teilen des Hubschraubers einen Teil nach vorn, einen nach hinten klappen – das werden die Rotorblätter.

Ja, und schon ist das Fluggerät fertig! Man steigt auf einen Stuhl und lässt es einfach fallen. Noch viel besser geht es allerdings im Treppenhaus. Oder bei absoluter Windstille aus den Fenstern oberer Stockwerke (dann vielleicht das untere Ende mit einer Büroklammer beschweren).

DOSEN-TELEFON

Das brauchen Sie: zwei Joghurtbecher, dünne Schnur oder Nylonfaden, große Nähnadel, Streichhölzer

verknotet, dass er nicht mehr nach außen rutschen kann. Eventuell muss man dafür ein Stück Streichholz um das Fadenende schlingen. Das andere Ende am zweiten Becher in gleicher Weise befestigen.

Telefone hat heute jeder, oft sogar in jedem Zimmer und noch eins für unterwegs. Ob drahtlos oder am Netz: Alle brauchen sie Strom bzw. Batterien oder Akkus. Papa aber baut ein Telefon, das funktioniert und ganz ohne Strom auskommt, echt!

Zwei leere Joghurtbecher werden dazu sauber ausgewaschen, von Deckelresten und mit einer Feile nötigenfalls von scharfen Kanten befreit. Eine möglichst dünne, reißfeste Schnur (oder ein Nylonfaden) wird mit einer Nähnadel von unten durch den Becherboden geführt und innen so

Und schon kann telefoniert werden: Jeder hält einen Becher fest und spannt damit die Schnur. Einer spricht in seinen Becher, der andere hält ihn an sein Ohr. Geht prima, auch von Zimmer zu Zimmer. Wichtig ist nur, dass die Schnur stets gespannt bleibt und unterwegs nichts berührt.

HAUSMUSIK

Das brauchen Sie: geeignete Klangkörper, Paketklebeband, Schnur, 2 kleine Holzkisten, Stecknadeln, Gummiringe, leere Flaschen usw., viel Erfindungsgeist und gute Nerven!

Immer darf man ja nicht Krach machen, aber manchmal muss es einfach sein. Papa hat Ideen für Instrumente, mit denen die Haus-Band zum Beispiel am nächsten Kindergeburtstag aufspielen kann.

Teufelsbass: Eine runde Waschmitteltrommel oder ein Farbeimer ist die Basis. Seitlich einen biegsamen Stock anschrauben (Schrauben im Innern der Trommel oben und unten mit Unterlegscheibe und Mutter sichern), dann an den Schraubstellen zusätzlich Paketklebeband mehrfach ganz um Stock und Trommel herumführen. Am oberen Stockende eine ringförmige Kerbe schnitzen, Schnur festknoten, anderes Ende durch den Trommeldeckel und ein Loch in einem Schraubglasdeckel führen, gut verknoten. Deckel fest auf die Trommel kleben und die Schnur spannen. Nun wird gezupft.

Zigarren-Zither: In die Ränder einer Zigarrenkiste ohne Deckel werden Stecknadeln tief eingesteckt, auf die – quer über die Kiste – Gummiringe gespannt sind. Die Ringe haben verschiedene Längen oder sind durch Knoten verkürzt. Zum Zupfen.

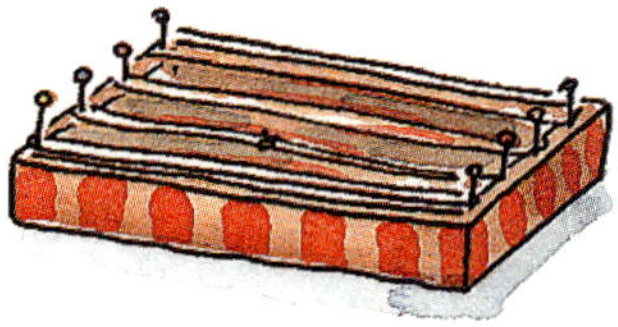

Klimperkasten: In ein kleines Holzkästchen werden Stecknadeln mit Plastikkopf orgelpfeifenartig verschieden tief eingesteckt. Mit den Fingernägeln daran klimpern. Kann durch weiteres Hineinstecken bzw. Herausziehen gestimmt werden.
Flaschen-Orgel: Gleichartige Flaschen

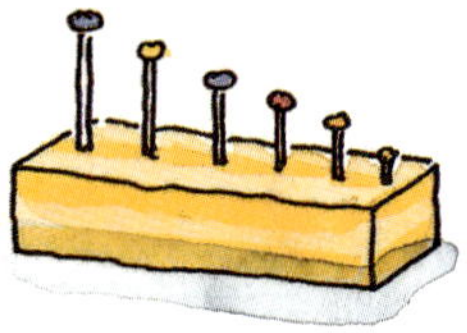

nebeneinander aufstellen und durch Darüberpusten Töne erzeugen. Durch verschieden hohes Befüllen mit Wasser genau stimmen.

Staubtrompete: Das zuvor gut gereinigte Rohr oder den Schlauch des Staubsaugers kann man optimal als Trompete benutzen. Einfach mit zusammengepressten Lippen an einem Ende hineintröten. Den gleichen Zweck erfüllt auch ein Stück Gartenschlauch.

Schlagzeug: Wohl das beliebteste Instrument. Neben den sehr lauten Topfdeckeln (bitte ohne Email!) eignen sich auch leere Dosen (auch mit Steinchen gefüllt zum rhythmisch Schütteln), Waschmittel-Trommeln, Papp-Dosen von Babynahrung, leere Windelpackungen, Gurkengläser, umgedrehte Plastikschüsseln und -eimer, Pappkerne von Haushaltsrollen und so weiter und so fort! Geschlagen wird mit Holzkochlöffeln, aber am besten, wenn Mama nicht zu Hause ist …

ZEITKAPSEL

Das brauchen Sie: einen dicht schließenden Blechbehälter

Irgendwann wird das Gespräch mit Ihren Kindern auf frühere Zeiten kommen, und warum man heute weiß, wie es damals zuging. Ausgrabungen sind dann ein Thema, und dass man heute beim Bau von Kirchen und Rathäusern eine Zeitkapsel in den Grundstein einmauert, die wichtige Informationen über das gegenwärtige Leben enthält.

Warum machen Sie nicht mit Ihren Kindern auch eine solche Zeitkapsel? Ein stabiler Blechbehälter wird mit allem gefüllt, was hier und heute bedeutsam ist: Die Tageszeitung, einige Münzen, Fotos vom Haus und seinen Bewohnern. Dazu eine Liste, wer diese Kapsel vergraben hat (Name, Adresse, Alter, Beruf), eine Aufstellung, wer gerade regiert, welche Naturkatastrophen sich zuletzt ereignet haben. Vergessen Sie aber nicht, auch die Gedanken und Belange Ihrer Kinder in den Vordergrund zu stellen: Was möchten sie ihrer Nachwelt übermitteln? Vielleicht ein Pokemon? Einen Legostein? Wollen sie den Nachfahren sagen, sie sollten endlich aufhören mit den Kriegen und dem Fremdenhass? Jedes Kind kann einen Brief schreiben, der mit in die Kapsel kommt. Zum Schluss muss alles gut verschlossen und gegen Feuchtigkeit gesichert werden (zukleben oder in dicke Plastikfolie packen). Vergraben Sie zusammen die Zeitkapsel nahe der Hauswand.

KNETE-KNIFF

Das brauchen Sie: 500 g Mehl, 250 g Salz, 50 g Alaun (Apotheke), Speiseöl, Lebensmittelfarbe, Handrührgerät mit Knethaken

Zur Vorsorge brauchen Sie nur mal in der Apotheke 50 Gramm Alaun gekauft zu haben und vielleicht etwas Lebensmittelfarbe, wenn die nicht sowieso im Haus ist. Dann kann nichts mehr passieren. „Langweilig? Wie wär's denn mal wieder mit Knete spielen?" – „Keine mehr da." – „Na, dann machen wir uns doch welche!" – „??" Knete selber zu fabrizieren ist ganz leicht. Und vielleicht im Vergleich zum Knete spielen sogar das größere Abenteuer.

Mehl, Salz und Öl sind im Haus. Für eine Portion braucht man 500 g Mehl, 250 g Salz und zwei Esslöffel Alaun. Das wird alles gut vermischt. Darauf kommen nun ein halber Liter kochendes Wasser und vier Esslöffel Speiseöl. Will man die Knete farbig haben, auch noch einige Tropfen Lebensmittelfarbe. Alles wird nun mittels Handrührgerät und Knethaken durchgearbeitet. Dann von Hand noch eine Weile kneten, bis alles homogen vermischt ist. Bei zu bröseliger Masse helfen Sie mit etwas Öl nach.

Ihre Kinder werden begeistert sein über die selbst gemachte Knete! Nur eines muss man dabei unbedingt beachten: Soll die Knete länger halten, muss sie unbedingt nach jedem Gebrauch sofort wieder in eine absolut dicht schließende Dose verpackt werden, weil sie sonst leicht austrocknet.

WUNDERBAUM

Das brauchen Sie: alte Zeitungen

Das ist genau die Augenblicks-Zauberei, die man so oft braucht, um kleine Kinder abzulenken, sie wieder in gute Stimmung zu bringen. Oder um mal ganz auf die Schnelle den größeren Kindern eine Anerkennung zukommen zu lassen – statt Blumen sozusagen.

Man legt Doppelblätter von alten Zeitungen auf dem Fußboden aus, sodass sie sich dachziegelartig immer um eine Seite überlappen. Etwa sieben bis acht Blätter reichen. Vom untersten Blatt her rollen Sie nun die ganze Strecke der Länge nach auf. Das letzte Blatt kleben Sie mit drei Klebestreifen (oben, unten und in der Mitte) fest.

Nun schneiden Sie mit der Schere von oben her viermal ziemlich tief (gut ein Viertel der Gesamtlänge) in die Rolle. Greifen Sie mit einem Finger von oben hinein und drehen Sie das innerste Blatt etwas enger. Gleichzeitig ziehen Sie es dabei in die Höhe.

Spiralig erscheint nun mehr und mehr von dem Zeitungsstreifen, die Rolle wird immer länger. Und die durch die Einschnitte entstandenen Streifen flattern lustig drumherum. Fertig zum Überreichen ist die Superblume.

METER MALEN

Das brauchen Sie: zwei Holzklötze (Größe: je 4 x 4 x 8 cm), ein Rundholz (Durchmesser: ca. 1,5 bis 2 cm, Länge: ca. 65 cm), zwei lange Schrauben mit Dübeln, Bohrer, Tapetenrollen

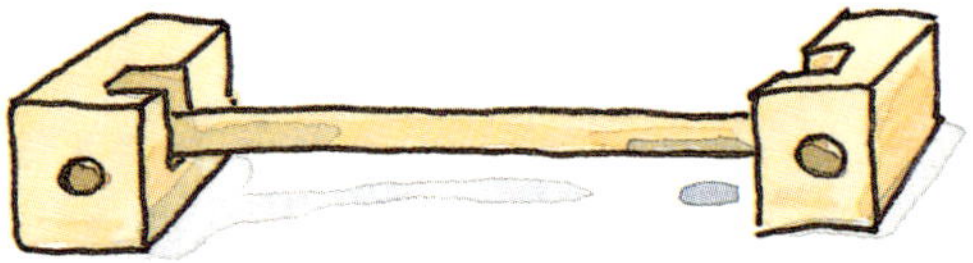

Malen ist eine der schönsten Beschäftigungen für Kinder, aber leider darf man das nicht an den weißen Zimmerwänden, und an einer Wandtafel müssen die Werke immer wieder weggewischt werden. Da muss Papa einfach wieder mal was erfinden.

Ein Rundholz, zwei vorbereitete Holzklötze und jede Menge Tapetenrollen (gratis vom Malermeister aus der alten Kollektion) sorgen dafür, dass riesige Flächen dafür zur Verfügung stehen.

Zwei Holzklötze, je vier mal vier mal acht Zentimeter groß, erhalten der Länge nach ein Bohrloch, das zu drei Vierteln durch den Block geht und den Durchmesser des Schraubenkopfes hat, mit dem es an die Wand gedübelt wird.

Am Ende dieses Bohrlochs bekommt ein Klotz eine weitere Bohrung, aber quer zur ersten, möglichst dicht in der vorderen Ecke, sodass die Papierrolle später genug Platz zur Wand hat. Die Bohrung sollte ebenfalls nicht ganz durch gehen, hier reicht die Hälfte. Der Durchmesser der Bohrung hängt von der Stärke des Rundholzes ab; geben Sie etwa zwei Millimeter zu.

Mit dem gleichen Bohrer bearbeiten Sie den zweiten Klotz, in der gleichen Position, aber spiegelverkehrt. Diese Bohrung müssen Sie nun von oben her öffnen, damit man den Stab hier einlegen kann. Machen Sie das entweder mit dem Bohrer rechtwinklig zum Loch oder vorsichtig mit dem Stechbeitel.

Springt der Klotz dabei, leimen Sie ihn einfach wieder zusammen.

Alles fertig! Bringen Sie in der Entfernung einer Tapetenrollen-Länge die Klötze an der Wand über einem Tisch an (so kann man in der Senkrechten und Waagrechten malen). Das Rundholz kürzen Sie so, dass es – eingesteckt in das Loch auf der einen Seite – in den Schlitz auf der anderen eingelegt werden kann.

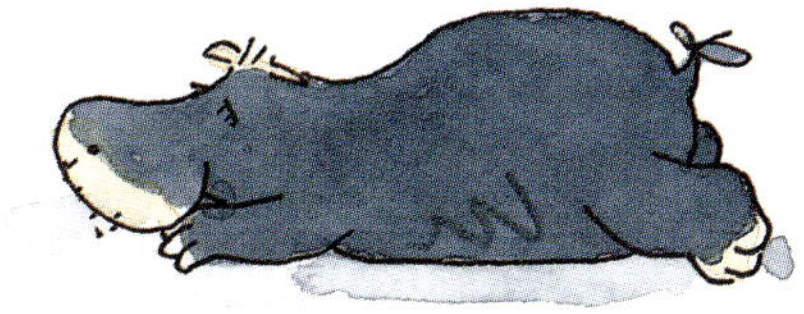

DRUCKWERKSTATT

Gerade künstlerisch weniger begabte Kinder haben erfahrungsgemäß an Druck- und Stempeltechniken sehr viel Spaß, weil sie keine Angst vor dem freien Strich haben müssen und die Form vorher schon festliegt. Machen Sie ihnen die Freude und drucken Sie einmal einen Nachmittag lang. Dabei können persönliche Bucheinband- oder Geschenkpapiere entstehen, auch Glückwunschkarten und Bilder.

Was Sie dazu brauchen, ist nicht viel: Zunächst sollten Sie den Tisch und den Fußboden drumherum mit Folie auslegen. Dann besorgen Sie sich Abtönfarbe, das ist preiswerte eingefärbte Dispersionsfarbe, die sich sehr gut fürs Drucken eignet, da sie schon ein wenig pastos ist.

Ideal fürs Auftragen der Farbe ist eine kleine Walze, wie man sie für Linoldrucke bekommt; aber auch ein selbst gemachter Tupfer aus einem Knäuel saugfähigem Stoff (alte Mullwindel) geht sehr gut. Aufgenommen wird die Farbe mit Walze oder Tupfer am besten von einer Glasplatte. Man kann auch, wenn die Farbe nicht zu dick auf der Glasplatte verteilt wird, mit den Stempeln direkt eintauchen.

Gehen Sie nun auf die Suche nach Druckstöcken in der Wohnung. Bekanntermaßen eignen sich Kartoffeln, halbiert und dann zu Stempeln in allen möglichen Formen zurechtgeschnitten, sehr gut. Aber auch Weinkorken sind brauchbar. Noch schönere Ergebnisse erhält man mit Druckstöcken, die selbst schon ein Muster in sich haben und das beim Drucken weitergeben: Probieren Sie es mal mit verschiedenen Schwämmen, mit Hälften von Äpfeln (möglichst auch den Stiel halbieren!), mit halben Orangen oder Zitronen!

Das A und O beim Materialdruck ist, dass nicht zu viel Farbe auf den Stempel kommt, sonst gibt es nichts als unansehnliche Farbkleckse. Sie sollten also immer genügend Papier für Probedrucke bereit liegen haben, um ein Zuviel an Farbe „abdrucken" zu können. Übrigens kann es sehr gut aussehen, wenn mit derselben Form ohne erneutes Eintauchen zwei- bis dreimal nebeneinander gedruckt wird.

Wenn ein bestimmtes Muster besonders gefällt, können Sie es vielleicht auch einmal als Stoffdruck versuchen. Kaufen Sie dazu spezielle Textilmal- oder -druckfarbe. Ist der Stoff fertig bedruckt, müssen Sie ihn erst einmal zum Trocknen aufhängen. Dann ist es wichtig, ihn von der Rückseite nach Anweisung zu bügeln, um die Farbe zu fixieren.

MAGNETTHEATER

Das brauchen Sie: Papier (u. a. ein großes Blatt), Schere, Büroklammern, Türschlossmagneten, Klebeband, einen größeren Karton, dickes Papier dieser Größe

Diese kleine Bastelei können Sie immer wieder einsetzen und aufs Neue ohne großen Aufwand aktualisieren –, und es ist etwas ganz speziell für Ihre Kinder: Andere haben so etwas nämlich nicht!

Die einfache Version – ganz auf die Schnelle gezaubert – geht folgendermaßen: Sie malen die Szenerie, etwa einen Märchenwald, auf ein großes Blatt Papier, das Ihr Kind mit ausgestreckten Armen auf dem Tisch senkrecht vor sich hinhält. Sie haben einige Figuren ausgeschnitten, die auf der Rückseite mit einer Büroklammer versehen sind, und setzen sich hinter den Tisch und das Kulissen-Papier. Nun bewegen Sie mit einem Magneten durch das Papier hindurch die Figuren auf der Vorderseite.
Luxuriösere Version: Sie besorgen sich einen größeren Karton, der möglichst dünn ist (oder Sie ersetzen den Deckel durch dickes Papier bzw. dünnen Karton). Die Rückwand des Kartons wird ausgeschnitten. Für jede Vorstellung können Sie nun eine Kulisse aus drei Wänden auf die Karton-Bühne stellen, dazu sogar noch einzelne Bäume oder Gebäude davor. Den Papierfiguren kleben Sie unter dem Fußfalz einen Pfennig oder eine Büroklammer auf und bewegen Sie mit Türschlossmagneten (Beschlaghandel), die vorne auf dünne Holzleisten geklebt sind.

PAPAs EXPERIMENTE

Papa ist derjenige, der einem die Welt erklärt. Gleichzeitig hat er aber auch viel mehr Verständnis, wenn man selber einmal etwas ausprobieren möchte. Und man darf bei ihm immer ein bisschen mehr, besonders wenn es ums Matschen und ähnliche Dinge geht

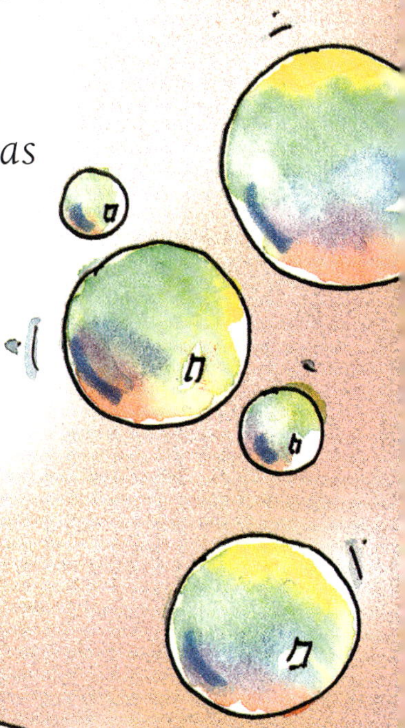

WETTERGLAS

Das brauchen Sie: großes, leeres Gurkenglas o. Ä., Eiswürfelschale mit Eiswürfeln, heißes Wasser, Taschenlampe

Wenn es wieder mal ums „Warum?“ geht und das Wetter im Gespräch ist, dann machen Sie doch einfach mal „Wetter im Glas“. Das ist zum einen spannend und geheimnisvoll, zum anderen erklärt es, wie Wolken und Regen zustande kommen.

Was Sie dazu brauchen, ist ein leeres Gurkenglas, in dem Sie das Naturphänomen stattfinden lassen. Seine obere Öffnung sollte nicht weiter sein als Ihre Eiswürfelschale breit ist. Etwas heißes Wasser ist nötig, eine Taschenlampe und eine eisgefüllte Eiswürfelschale.

Füllen Sie etwa zwei Finger breit sehr heißes Wasser ins Glas und bringen Sie es dann in einen sehr dunklen Raum (dunkles Bad, Abstellraum – oder einfach abends das Licht ausmachen). Stellen Sie nun die Schale mit den Eiswürfeln oben aufs offene Glas. Lassen Sie dann Ihr Kind mit der Taschenlampe von der Seite ins Glas leuchten: Langsam bildet sich in der Mitte des Gefäßes eine kleine Wolke, die zwischen Himmel und Erde schwebt. Das ist wie beim wirklichen Wettergeschehen, wenn der warme Erdboden Feuchtigkeit in die Luft verdunstet und in der Höhe eine kalte Luftschicht liegt. Dann bilden sich Tröpfchen in der Luft, die Wolken. Sind die Tröpfchen groß genug, fallen sie als Regen herab.

ZAUBERFARBE

Das brauchen Sie: Glas mit Schraubdeckel, Wasserglas, 1/2 l destilliertes Wasser, zwei Hände voll fein geschnittenen Rotkohl, Essig (oder Zitronensaft), Orangensaft, Backpulver (oder Natron)

Natürlich können Sie älteren Kindern erklären, dass Sie jetzt einen Indikator herstellen, mit dem man prüfen kann, ob etwas sauer ist oder alkalisch. Für kleinere Kinder hat Papa eben eine Zauberfarbe hergestellt, die sich ändert, je nachdem, was man hineintut.

Zuerst wird wieder bei Mama gemopst. Von ihrem destillierten Wasser fürs Bügeln nehmen wir einen halben Liter und bringen ihn zum Kochen. Dazu schütten wir fein geschnittenen Rotkohl, etwa zwei Hände voll. Kurz aufkochen lassen und vom Herd nehmen. Wenn das Ganze nach einer halben Stunde ausgekühlt ist, durch ein Sieb schütten und den Kohl wegwerfen (oder später zu Salat verarbeiten). Die Zauberfarbe wird in einem Schraubglas gut verschlossen.

Und so bringt man sie zum Reagieren: Eine kleine Menge in ein anderes Glasgefäß schütten und etwas Saures dazugeben, etwa ein paar Tropfen Essig oder etwas Zitronensaft. Was passiert? Und was geschieht, wenn man stattdessen etwas saure Milch oder Orangensaft nimmt?

Das Gegenbeispiel: Man schüttet in die Zauberfarbe etwas Backpulver oder Natron. Welche Farbe erscheint jetzt? Und wenn man dann in diese Mischung wieder Essig gibt, Tropfen für Tropfen?

FARBENFORSCHUNG

Das brauchen Sie: bunte Filzstifte, Löschpapier (Kaffeefilter), Wasserglas, Wäscheklammer, Bleistift

In der Wissenschaft heißt das, was nun beschrieben wird, schlicht Chromatographie. Aber Papa zeigt mit seinem kleinen Forschungslabor ganz einfach, dass viele Farben aus anderen zusammengesetzt sind.

Am besten geht das mit wasserlöslichen Filzstiften, und hier sind am besten die Farben Schwarz, Grün, Braun, Orange und Violett geeignet.

Für den Versuch schneidet man schmale Streifen aus Löschpapier oder weißen Kaffeefiltertüten – gerade so lang, dass sie eben auf den Grund eines Glases reichen, wenn man sie mit einer Wäscheklammer an einem quer darüber gelegten Bleistift festmacht. Auf jeden Streifen kommt unten, zwei Zentimeter über der Kante, ein dicker Punkt in einer Farbe. Dann hängt man die Streifen in ein oder mehrere Gläser. Die Streifen sollen gerade so auf dem Glasboden aufsetzen. Ohne die Streifen oben nass zu machen, gießt man nun unten höchstens einen Zentimeter hoch Wasser ein. Der Wasserstand soll die Farbpunkte nicht erreichen. Das Wasser zieht nun aber von unten den Streifen hoch, erreicht den Farbklecks und nimmt die Farbe mit sich. Nicht jeder Farbanteil fließt jedoch gleich schnell, sodass sich zuerst ein Teil im Papier absetzt, weiter oben ein nächster und noch weiter vielleicht noch andere. Tipp: Ein paar Tropfen Essig im Wasser können das Ergebnis verbessern. Welche Farbe hat die meisten Komponenten?

GEISTERHÖLZCHEN

Das brauchen Sie: Suppenteller, Streichhölzer, Seife, Würfelzucker

Dass Papa zaubern kann, ist ja nichts Neues. Aber er hat immer wieder so wunderbare Sachen, die man spontan machen kann, weil alles im Haus ist. Zum Beispiel die Hölzchen, die wie von Geisterhand bewegt werden.

In einen Suppenteller gießt man einen Zentimeter hoch Wasser. Dann kommt eine etwas schwierige Aufgabe, die eine ruhige Hand (und auch ruhiges Wasser!) verlangt: Sechs bis acht abgebrannte Streichhölzchen werden sternförmig in der Mitte des Tellers auf die Wasseroberfläche gelegt. Am besten geht das, wenn man erst ein Kreuz oder einen Autostern legt und dann die anderen Hölzchen in die Zwischenräume.

Nun nimmt man einen möglichst spitzen Splitter von einem Seifenstück und hält ihn in die Mitte der Hölzchen – und alle fahren sogleich zum Tellerrand. Kommando zurück? Kein Problem: Wenn man jetzt einen Würfelzucker ins Zentrum hält, kommen alle wieder in die Mitte. Wie die Kinder: Scheuen die Seife, aber für Süßes sind sie immer zu haben …

RONCALLI-BLASEN

Das brauchen Sie: dicken Draht, Blumendraht, Besenstiel, Nagel, Hammer, Wollfaden, Spülmittel (Schmierseife), Glycerin, flache Schüssel

Seifenblasen faszinieren jedes Kind. Aber was sind sie schon gegen die Riesengebilde, die der Clown Pic im Zirkus Roncalli fabriziert hat! Kein Problem, Papa kann das auch. Er kennt nämlich zwei Tricks, die dazu nötig sind: Erstens das Gerät, zweitens die Zauberlösung.

Flache Schüsseln eignen sich am besten, um die Seifenlösung einzufüllen – damit braucht man viel weniger davon als mit einem Eimer. Und so werden die Ringe (der größte etwas kleiner als der Schüsseldurchmesser) gemacht: Kräftigen Draht zu einem Ring formen und die Enden rechtwinklig nach außen biegen. Zwischen diese Enden einen Besenstiel klemmen und alles fest mit Draht umwickeln. Am Ende des Stiels vielleicht noch einen Nagel durchklopfen, sodass die Drahtbefestigung nicht herausrutschen kann. Den Stiel nun leicht nach oben abbiegen, damit man den Ring gut in die Schüssel tauchen kann (für den Eimer braucht man das nicht). Dann den Ring mit dünnerem Draht (Blumendraht) und/oder einem Wollfaden umwickeln, damit die Seife fest gehalten wird und einen Spiegel bilden kann. Alle Kombinationen ausprobieren, was am besten geht!

Und nun zur Seifenlösung: Sie soll aus möglichst viel flüssigem Spülmittel oder Schmierseife und möglichst wenig Wasser bestehen. Der Trick: Ein guter Schuss Glycerin (aus der Apotheke) erhöht die „Zähigkeit" der Seifenlösung und lässt Spiegel und Blasen nicht so schnell platzen.

PLASTIK-FANTASTIK

Das brauchen Sie: 1/2 l Milch, Essig, Küchentuch, Ausstechförmchen, Sicherheitsnadel, Plakafarben

„Papa, was ist eigentlich Plastik?"
Nichts leichter als das, Papa weiß natürlich was ein Kunststoff ist – und wer hätte es

nicht schon geahnt, er kann sogar welchen machen! Für ein kleines Stück reicht schon ein halber Liter Milch. Er wird in einem Topf erwärmt, aber nicht gekocht. Dann rührt man ein bis zwei Esslöffel Essig hinein. Vom Feuer nehmen und noch etwas weiterrühren, bis sich weißes Material absetzt. Nun das Ganze durch eine alte Mullwindel oder ein Küchentuch abseihen. Wenn alle Flüssigkeit abgelaufen ist, vorsichtig, aber gut ausdrücken, bis eine ziemlich feste, gummiartige Masse übrig bleibt. Das ist Casein, ein Kunststoff, der auch heute noch Verwendung findet.

Sie können mit den Kindern eine Figur oder eine Brosche daraus basteln, letztere, indem Sie die Masse in ein Ausstechförmchen drücken, ihr auf der Rückseite eine Sicherheitsnadel einsetzen und das Ganze mehrere Tage trocknen lassen. Ein Platz nahe der Heizung beschleunigt das Verfahren.

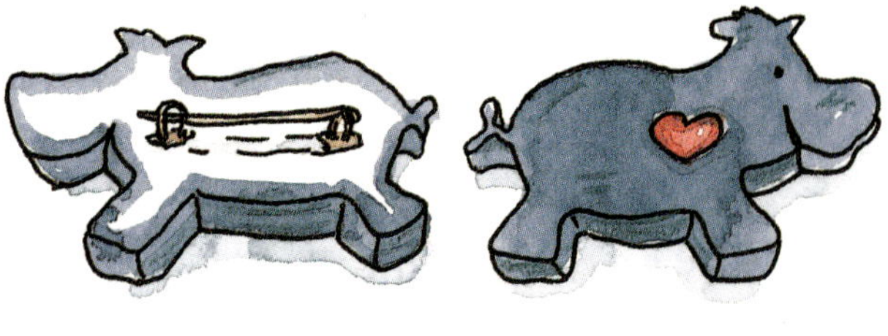

Das Kunst(stoff)werk lässt sich am besten mit Plakafarbe bemalen – das ist nämlich eine Farbe auf Caseinbasis!

Geheimschrift

Das brauchen Sie: Papier, Federhalter und spitze Schreibfeder, Zitronensaft oder heller Essig, Kugelschreiber

Papa und die Kinder können sich Geheimbotschaften zukommen lassen, die kein anderer lesen kann, weil die Schrift schlechthin unsichtbar ist. Man muss das Rezept kennen, um solche Botschaften schreiben zu können, vor allem muss man aber auch wissen, wie man sie wieder lesbar macht!

Hier die erste Methode: Dazu braucht man so ein altmodisches Gerät wie einen Federhalter und dazu eine relativ spitze Schreibfeder (nicht so eine breite für Kunstschrift). Die Tinte dazu ist eine ausgepresste Zitrone, mit deren Saft man den Text auf Papier schreibt. Es geht auch mit sehr hellem Essig (oder solchem aus Essig-Essenz). Vorsicht, Schrift nicht verwischen! Dann bei Zimmertemperatur trocknen lassen. Wer's lesen will, erhitzt das Papier von der Rückseite über einer Glühbirne oder mit einem Bügeleisen.

Die zweite Methode: Ein Blatt Papier wird nass gemacht und auf ein Brett gelegt. Dann ein trockenes Papier darüber legen. Darauf schreibt man mit Kugelschreiber, der die Botschaft aufs untere Blatt durchdrückt. Oberes Blatt vernichten, unteres trocknen: Nichts mehr zu sehen. Erst wenn dieses Blatt wieder in Wasser gelegt wird, erscheint auch die durchgedrückte Schrift wieder und wird lesbar!

WUNDERGARTEN

Das brauchen Sie: Mohrrübe, Zahnstocher, Ananas, Küchenmesser

Gemüseabfälle? Nein, das sind noch lebende Pflanzen! Papa bringt sie wieder – na ja, nicht zum Blühen, aber doch – zum Wachsen! Zum Beispiel der obere Abschnitt einer Mohrrübe mit dem Blattansatz. Schneidet man dieses Stück (etwa 2 bis 5 cm) oben von einer Möhre ab, so braucht es gar keine Blätter zu haben – Papa macht ihr wieder welche. Das geht so: Von der Schnittfläche her wird das Möhrenstück innen ausgehöhlt, aber achten Sie darauf, die Wände und den Boden nicht zu verletzen: Es muss eine Art dichtes Gefäß entstehen. Am oberen Rand wird durch dieses Schüsselchen nun ein Zahnstocher quer durchgesteckt. Daran hängt man das Möhrenstück an heller Stelle auf und füllt das Schüsselchen mit Wasser. Immer gut nachfüllen, es darf nicht trocken werden. Und was passiert? Unten treiben Blätter aus und wachsen nach oben!

Und das zweite Küchenwunder: Wenn bei Ihnen das nächste Mal eine frische Ananas verspeist wird, dann nehmen Sie sich die oben abgeschnittene Kappe mit dem Blattschopf vor. Daraus kann man wieder eine Ananas wachsen lassen. Bei uns zwar nur für kurze Zeit und ohne Frucht, aber immerhin. Dazu muss man nur ringsherum das Fleisch entfernen und lediglich direkt unter dem Blattschopf den holzigen Mittelteil stehen lassen, (etwa 3 bis 4 cm lang). Einpflanzen und feucht halten – die Ananaspflanze wächst!

TAUCHTEUFEL

Das brauchen Sie: Plastik-Mineralwasserflasche, Einmalkuli mit Kappe, Büroklammern, dicke Nadel, wasserfesten Stift

Erinnern Sie sich an die Plastik-Mineralwasserflasche? Hoffentlich haben Sie in der Zwischenzeit schon wieder eine leer getrunken – der Tauchteufel braucht nämlich eine Behausung!

Der Tauchteufel (auch artesischer Taucher genannt) besteht am einfachsten aus der Aufsteck-Kappe eines Einmalkulis. Sie muss dicht sein (manche haben oben ein kleines Löchlein) und braucht einen Clip an der Seite. Dann braucht der Teufel noch einen Schwanz aus einer bis drei Büroklammern, die an den unten durchbohrten Clip gehängt werden.

Die Flasche wird hundertprozentig mit Wasser gefüllt, es soll nachher keine Luftblase drin sein. Am besten macht man das in einem ganz gefüllten Wassereimer. Bevor die Kappe zugeschraubt wird, setzt man den Teufel ein. Die Öffnung muss dabei nach unten zeigen. Er kann aus wasserfestem Stift ein Teufelsgesicht erhalten und ist mit den Büroklammern so austariert, dass er nicht sinkt.

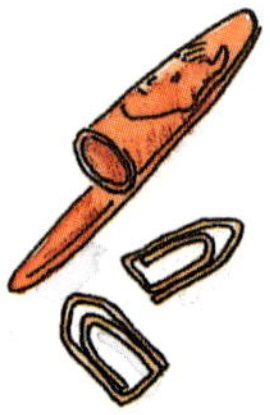

Nun den Verschluss fest auf die Flasche schrauben, ohne dass eine Luftblase entsteht. Der Teufel taucht, wenn man die Flaschenwände zusammendrückt, und taucht auf, sobald man wieder loslässt.

LUFTKISSEN

Das brauchen Sie: Plastikflasche (mit Verschlusskappe), Luftballon

Haben Sie noch so eine Plastikflasche? Gut, Sie brauchen sie, falls Tochter oder Sohn wissen wollen, was ein Hovercraft ist – oder falls Sie ihnen ganz einfach einen netten Spaß basteln wollen. Auch einen unserer berühmten Luftballons brauchen Sie wieder dazu.

Der obere Teil der Flasche wird dort abgeschnitten, wo sie nach der Schulter in die Seitenwand übergeht, vielleicht zwei Zentimeter weiter unten. Das Wichtigste ist, dass der Schnitt ganz glatt und waagrecht sein muss, damit das Experiment auch gut gelingt. Wenn Sie eine Schleifmaschine haben, können Sie den Flaschenoberteil nach dem Schnitt ja kurz an die Schleifscheibe halten.

Als weitere Grundbedingung brauchen Sie einen glatten, ebenen Tisch. Darauf wird der Flaschenabschnitt ohne Verschluss gestellt.

Blasen Sie nun einen Ballon auf, halten ihn zu und stülpen seine Öffnung über den Flaschenhals. Loslassen – und ab geht das Hovercraft! Sollte die Luft zu schnell entweichen, setzen Sie die Verschlusskappe wieder auf die Flasche und bohren ein Loch hindurch.

Knallrakete

Das brauchen Sie: mehrere gleiche, runde Bleistifte, Plastikflasche, Korken, Backpulver (oder Natron), Essig, Filmdöschen, Fingerhut

Erinnern Sie sich an die Rakete von Seite 45? Den Düsenantrieb bauen wir jetzt zum Explosionsantrieb aus. Jetzt knallt es richtig! (Daher Vorsicht mit kleineren Kindern: Nur im Freien ausprobieren, die Kinder immer seitlich stehen lassen!)

Auf glatter, ebener Fläche werden mehrere gleiche, runde Bleistifte parallel gelegt, quer darüber kommt wieder eine Plastikflasche. Sie soll ebenfalls glatt sein und keine Rippen haben. Ihr Schraubverschluss wird durch einen gut sitzenden Korken ersetzt. Nun gibt man einen Beutel Backpulver in die Flasche (noch besser geht's mit Natron), dann einen Eierbecher voll Essig. Ganz schnell den Korken einsetzen und die Flasche auf die Stifte legen. Im Innern schäumt es und gleich macht es „Plopp!“, der Korken fliegt nach hinten weg und die Flasche fährt vorwärts!

Und so machen Sie kleine Knaller: Ein Teelöffel Backpulver bzw. Natron in ein Filmdöschen geben, einen Fingerhut, mit Essig gefüllt, vorsichtig darauf stellen. Filmdöschen verschließen, dann umkippen. Nach kurzer Zeit knallt der Deckel ab.

Nochmal: Vorsicht bei all dem, der Inhalt ist leicht ätzend und nicht sehr angenehm in den Augen. Außerdem können fliegende Deckel und Korken ins Auge gehen – also immer in ausreichender Entfernung seitlich stehen! Väter sind nicht nur für die gefährlicheren Spiele zuständig, sondern auch für die Sicherheit ihrer Kinder, und dass sie solche Vorkehrungen verstehen und auch selbst treffen!

PAPAs ABENTEUER

Abenteuer sind von einer anderen Welt.

Ein bisschen Märchen – Fantasy würde man

heute sagen – in der Wirklichkeit.

Und um Abenteuer zu bestehen,

braucht man einen starken,

beschützenden Partner, der sich auskennt:

Papa eben

ZELTEN FÜR ANFÄNGER

Das brauchen Sie: Decken, Schlafsack, Luftmatratze, Isomatte, Taschenlampe, Proviant

Auch Abenteuer kann man heute kaufen. Aber so richtig echt sind nur die eigenen, selbst gemachten. Vor allem diejenigen, die man mit Papa erlebt.

Fürs Erste reicht ein Zelt aus Decken oder Stoffbahnen, das im Garten über ein Gestell aus Stöcken oder über eine Wäscheleine gelegt wird (die Enden mit Steinen beschweren). Das genügt für eine warme Sommernacht, wenn von unten eine Luftmatratze oder Iso-Matte für die nötige Abschirmung sorgt.

Mit Papa ganz allein unter (fast) freiem Himmel, und das Ganze noch nachts – fürs erste Mal ist das Abenteuer genug. Wenn nun Papa Gespenstergeschichten im trüben Schein einer Petroleumfunzel oder einer Taschenlampe vorliest, entsteht schon die schaurig-wohlige Gänsehaut, die ein gutes Abenteuer auszeichnet. Vielleicht erzählt er ja auch Geschichten von Abenteuern, die er selbst früher bestanden hat. Nur gut, dass Mama handfesten Proviant (die Lieblingsbrote und den Ausnahme-Saft) mitgegeben hat. Denn Abenteuer machen hungrig und durstig, und strapazierte Nerven brauchen Nahrung. Sie haben keinen Garten? – Fragen Sie doch mal bei Freunden. Deren Kinder werden bestimmt ganz begeistert „Au ja!" rufen.

ZELTEN FÜR FORTGESCHRITTENE

Das brauchen Sie: Basisausrüstung zum Zelten in freier Natur, Klappspaten

Für die Größeren muss sich Papa schon etwas mehr Mühe machen, denn es soll ein richtiger Zelt-Ausflug werden. Als Erstes muss man einen Förster oder Bauern fragen, ob er erlaubt, bei ihm ein, zwei Nächte lang mal ein Zelt aufzuschlagen. Dass danach alles wieder so aussieht, als wäre nichts gewesen, ist Voraussetzung und Ehrensache. Und ein Teil des Abenteuers: Denn wer hat sich schon mal selbst Feuerstelle (Seite 74) und Klo gebaut, die beide anschließend wieder total in der Versenkung verschwinden?

Für den Lokus mit einem Klappspaten zuerst rings um die spätere Grube etwa 10 cm tief einstechen. Vom Rand her lässt sich der Rasen oder die oberste Waldbodenschicht nun ziegelartig abnehmen und zur Seite legen. Erst danach hebt man die Grube aus und schichtet die Erde daneben zu einem Hügel auf. Davor sollte ein kleines Bäumchen oder ein stabiler Ast dem Benutzer die Möglichkeit geben, sich fest zu halten. Nach jedem Geschäft streut man etwas vom Aushub darüber. Ganz zum Schluss wird alles wieder mit den Erdziegeln verschlossen (Grasseite nach oben!). Und noch etwas ganz Wichtiges: Zu diesem Zeltabenteuer reist man natürlich mit dem Rad an oder auf Schusters Rappen. Erst dann wird es nämlich ein richtiges Abenteuer, weil man sich genau überlegen muss, was man als Ausrüstung überhaupt schleppen kann!

Und der Speiseplan? Für den Anfang ist die Eintopfsuppe aus dem Päckchen sicher schwierig genug, wenn sie auf offenem Feuer gekocht werden muss ... (Für Versiertere gibt es Vorschläge auf Seite 76.)

DAS WICHTIGSTE FÜR ZELTER:

- *Vorher Erlaubnis besorgen*
- *Feuerstelle weit genug von den Bäumen weg anlegen*
- *Zelteingang gegen Südosten (Nordwesten ist die Wetterseite)*
- *Zelteingang weist bergabwärts (damit kein Wasser ins Zelt läuft)*
- *Zum Waschen genügt ein Bach; Trinkwasser muss von sauberer Quelle oder von einer Zapfstelle (Bauernhof) kommen*
- *Wer keine Erlaubnis zum Zelten bekommt, sollte im Forstamt fragen, ob Waldhütten vermietet werden*

FEUER MACHEN

Das brauchen Sie: Klappspaten, Streichhölzer, Zeitung

Fast jedes Kind hat eine pyromanische Ader, und Feuer machen ist ein wichtiger Teil des Abenteuers. Vergessen Sie aber nie, jederzeit nicht nur selbst vorsichtig mit dem Feuer umzugehen, sondern Ihr Kind auf alle Vorsichtsmaßnahmen hinzuweisen, die Sie ausführen!

Für eine Feuerstelle müssen Sie, weil jederzeit Wind aufkommen kann, 50 Meter Abstand zu Bäumen halten. Sie umgeben die Stelle dicht an dicht mit Steinen, damit Feuer und Glut sich nicht ausbreiten können. Am besten heben Sie auch an der Feuerstelle spatentief den Boden aus, ähnlich wie beim Lokus. Gibt es keine Steine, legen Sie die Rasensoden um die flache Grube herum. Wie eine Feuerstelle zum Kochen aussehen kann, sehen Sie auf den Zeichnungen.

Jetzt wird Brennmaterial gesammelt: Natürlich kein frisches Holz abreißen – nicht nur, weil's den Förster ärgert, sondern auch, weil es nicht brennt. Dafür taugen nur trockene Zweige, für den Anfang am besten Tannenreisig. Dickere Stücke kommen erst später drauf, wenn sich schon richtig Glut gebildet hat. Nehmen Sie genug Streichhölzer und auch

eine Zeitung mit. Ohne das Papier bekommen nur erfahrene Waldläufer ein Feuer in Gang. Aber nur einzelne Blätter knüllen und unters Reisig stecken. Übrigens, noch ein Tipp: Birkenrinde brennt immer, auch wenn sie von frisch geschlagenen Stämmen ist und sogar noch leicht feucht.

NACHTWANDERUNG

Das brauchen Sie: Taschenlampe

An einem schönen Samstagnachmittag kommt die verschwörerische Ankündigung: „Wenn du dich zu einem Mittagsschläfchen überreden lässt, darfst du heute ganz lange aufbleiben und ein Abenteuer erleben. Mehr wird aber noch nicht verraten!" Na, hoffentlich gibt es auch etwas Schlaf vor lauter Aufregung ...

Für die bevorstehende Nachtwanderung müssen Sie die Strecke mindestens bei Tag schon einmal abgegangen sein und auf Problempunkte geachtet haben: Stolperstellen, schlecht zu erkennende Abzweigungen usw. Am besten aber, Sie testen den Weg einmal selbst bei Nacht (vielleicht zusammen mit Ihrer Frau, kann ja sein, dass sie so etwas auch mal ganz romantisch findet!).

Das Wichtigste bei einer Nachtwanderung: Der ganze Trupp hat nur eine Taschenlampe dabei – die hat Papa, und sie kommt nur im Notfall zum Einsatz. Sonst wäre es ja keine Nachtwanderung. Und je weniger Licht stört, umso besser kann man sehen. Klingt paradox, ist aber so: Die Iris macht ganz weit auf, und man sieht auch noch das dunkelste Fleckchen.

Man kann viel sehen in einer sternklaren Nacht (eine solche sollte es schon sein, noch besser ist Vollmond). Wappnen Sie sich auf jeden Fall mit astronomischen Grundkenntnissen – also den Großen Wagen sollte Papa schon finden und wissen, dass er durch fünfmalige Verlängerung von dessen „Rückwand" zum auffällig hellen Polarstern gelangt, der anzeigt, wo Norden ist. Und die helle Venus (abends im Westen, morgens im Osten) sowie die Milchstraße (und ein paar beeindruckende Zahlen aus dem Lexikon dazu) muss er schon kennen.

Aber es gibt auch interessante Dinge auf Erden: Spähen Sie aus, wo es vielleicht Fledermäuse zu sehen gibt (um Laternen herum oder in Waldnähe, wo genügend Nachtinsekten fliegen). Oder vielleicht entdecken Sie leuchtende Baumstümpfe (durch phosphoreszierende Bakterien, die für das Verfaulen sorgen – dazu am besten den Stumpf mit dem Fuß etwas auseinander brechen). Oder sogar Glühwürmchen! Sie sehen schon, so ein Abend- oder Nachtausflug ist ein unvergessliches Erlebnis, und vielleicht sollten Sie mit Ihrer Frau, wenn die Kleinen im Bett sind, öfter mal einen solchen Spaziergang unternehmen. Ihrer Beziehung tut so etwas bestimmt keinen Abbruch.

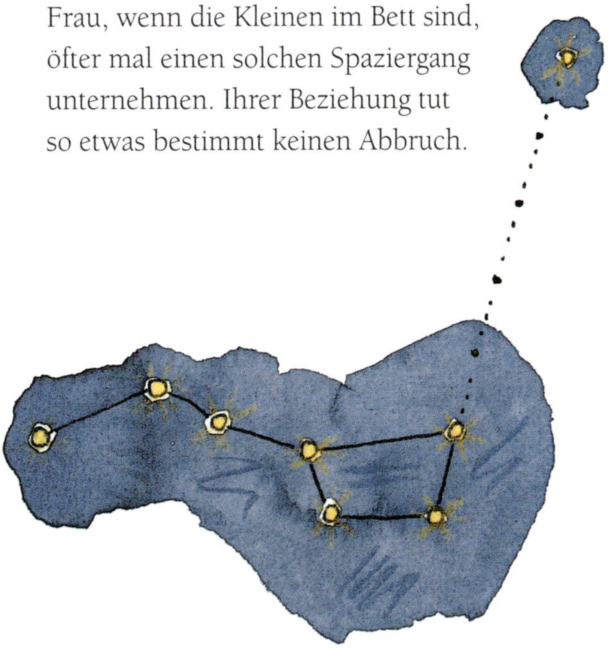

NATURKOST

Das brauchen Sie: Bestimmungsbuch für Pilze und Pflanzen, Salz, kleiner Kochtopf, Taschenmesser, Streichhölzer, Notvorrat

Nein, ein Abenteurer kauft Naturkost nicht im gleichnamigen Laden –, er sammelt sie selbst in der freien Wildbahn. Papa weiß, wie das geht. Er kennt vor allem den obersten Grundsatz – alles, was wir nicht hundertprozentig kennen, lassen wir stehen. Und: Wir kennen auch die Gefahren, die schlimmsten Giftpilze und -beeren.

Wenn Sie also, auch ohne zu zelten, mal das Abenteuer bestehen wollen, sich einen Tag lang ganz aus der Natur zu ernähren, müssen Sie sich wirklich entsprechend gut auskennen. Das bedeutet: Wissen, was gefährlich ist (am schlimmsten ist der Knollenblätterpilz, der leicht mit dem Champignon verwechselt werden kann. Ein sicherer Hinweis ist jedoch, dass der Champignon nach Anis riecht, und Knollenblätterpilze tun das eindeutig nicht!). Und Sie müssen wissen, wo es genügend Essbares gibt (also vorher genau erkunden).

Die optimale Zeit für solche Unternehmungen ist der Herbst und die beste Gegend ein Gebiet mit viel Wald, aber auch mit Lichtungen, Feldern und Wiesen zwischendrin. Wohlschmeckende Sattmacher um diese Jahreszeit sind Pilze. Bei Haselnussbäumen muss man schon genauer wissen, wo sie stehen (man kann sie auch gut essen, bevor sie ganz reif sind). Auch Bucheckern schmecken leckernussig, wenn man die zähe Schale entfernt (aber Vorsicht, wer zu viel von den fetten Kernen isst, dem kann übel werden). Fallobst von Bäumen gibt es auf vielen Wiesen; es löscht auch den Durst, wenn es gerade nichts zu trinken gibt. Selbst saure Holzäpfel kann man auskauen und -lutschen, wenn man mit dem Messer dünne Scheibchen davon abschneidet. Es gibt im Herbst auch noch die letzten Beeren (z. B. finden sich oft Brombeeren an Wald- und Wegrändern in großer Menge. Vorsicht: Wegen des gefährlichen Fuchsbandwurms nur Beeren ab etwa Kniehöhe ernten.

Mitnehmen darf man auf so eine „Lumpenfahrt“, wie man das früher nannte, eigentlich nur etwas Salz. Damit lässt sich schon sehr viel anfangen (Wasser, Salz und Pilze ergeben eine nahrhafte Suppe). Als erweitertes Sortiment gilt noch etwas Fett und Mehl. Damit lässt sich schon so etwas Ähnliches wie Nudeln, Brot oder Pfannkuchen zubereiten. Obst und Beeren sättigen besser, wenn man sie mit Wasser zu Kompott kocht. Dass früher bei Lumpenfahrten auch „erlaubt“ war, ein paar Kartoffeln oder Maiskolben vom Feld zu klauen,

wollen wir hier nicht erwähnen ...
Oft finden sich ja noch ein paar übrig gebliebene auf abgeernteten Feldern.

Papa lässt natürlich niemand verkommen und hat klammheimlich ganz unten im Rucksack einen Notvorrat verstaut: Eine Feldflasche Wasser, eine Dose Pumpernickel, eine Dose Wurst oder eine Dose Eintopf (bzw. ein Päckchen Suppe).

SCHNITZELJAGD

Das brauchen Sie: Holzspäne, Fernglas

Nur dem, der dabei ans Essen denkt, sei erklärt, dass es sich um eine Verfolgungsjagd handelt, bei der Spuren ausgelegt werden. Und es heißt Schnitzeljagd, weil sich dazu Holzschnitzel oder Sägespäne aus einer Schreinerei am besten eignen. Denn sie sind erstens zunächst gut sichtbar, verschwinden aber bald in der Natur und verrotten auf ganz natürlichem Wege –, also bitte nicht den Inhalt des Bürolochers verwenden.
Sie können das Ganze ja auch Nilpferd-Safari nennen, und selbstverständlich mimt Papa das zu fangende Nilpferd! Denn am besten ist es, Papa selbst legt die Spur. Er tut dies vorzugsweise so, dass der Weg nach einer Wendestelle fast parallel zurückführt. So kann er nämlich auf dem zweiten Teil des von ihm zu markierenden Weges ganz geschickt seine Verfolger beobachten, ob sie auf dem richtigen Weg sind und wie rasch sie vorankommen (Fernglas mitnehmen!). Am Endpunkt, mit einem Kreis oder einem dicken Punkt markiert, müssen die Verfolger im 30-Meter-Umkreis den Spurenleger finden – also ein Gebiet mit viel Dickicht oder sonstigen Versteckmöglichkeiten dafür aussuchen. Wird Papa gefunden, muss er den Schatz (vorzugsweise süß) verteilen, den er auf seiner Flucht dabei hatte. Wer's schwieriger machen möchte, kann statt der auffälligen Schnitzel-Markierung die abgebildeten Waldläuferzeichen verwenden.

geradeaus

links abbiegen

in Gegenrichtung

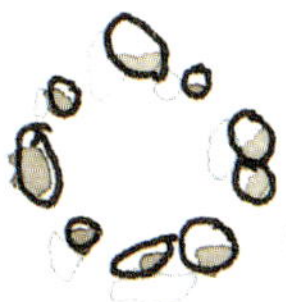
hier im Umkreis suchen

Gefahr

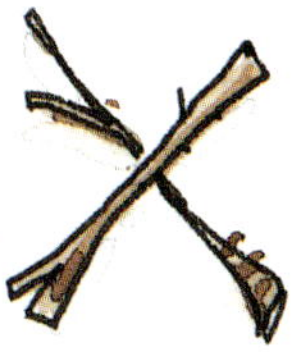
Ende des Weges

PAPA-URLAUB

Das ist etwas ganz Besonderes, was Kinder über die Maßen genießen: Ihren Papa mal ganz alleine für sich haben. Dabei können sie Ihnen all die Löcher in den Bauch fragen, die sie schon immer wissen wollten. Und sie können einmal ausgiebig mit Papa schmusen, ohne ihn mit irgendjemand teilen zu müssen. Haben Sie mehrere Kinder, nehmen Sie deshalb auch nur eines mit. Die daheim gebliebenen Kleinen haben dafür Mama einmal ganz für sich und unternehmen mit ihr etwas Schönes. Bleibt Ihre Frau allein zu Hause, kann sie das zur Abwechslung sicher auch genießen.

Schrecken Sie nicht vor dem Wort „Urlaub" zurück. Es muss weder viel Geld kosten, noch müssen Sie dafür viele Urlaubstage opfern. Selbst ein Wochenende reicht schon, noch optimaler ist ein verlängertes (Donnerstags-Feiertag bis Sonntag zum Beispiel). Sie brauchen gar nicht weit zu fahren, denn bereits dreißig Kilometer von zu Hause finden Sie ein Gebiet, das Sie beide gar nicht so genau kennen, und es gibt bestimmt ein Privatzimmer auf einem Bauernhof oder in einer Dorfgaststätte.

Selbstverständlich können Sie diesen Mini-Urlaub mit einem der anderen in diesem Kapitel beschriebenen Abenteuer verbinden – das ist aber gar nicht nötig. Wichtig ist allein, dass Papa Zeit hat und dem Kind ganz zur Verfügung steht.

Natürlich sollten Sie sich vorher erkundigen, was es in der Gegend gibt, wofür Ihr Kind Interesse zeigen könnte: Ein märchenhaftes Schloss, eine Höhle, die zu besichtigen sind. Eine schöne Wanderung zu einem Badesee. Eine Stelle, an der man nach Versteinerungen buddeln kann. Aber auch ganz profane Dinge wie ein Frei- oder Hallenbad, eine Pizzeria oder ein Minigolf-Platz sollten in der Nähe sein, damit das Programm rund wird und immer was zur Auswahl steht. Auch für Schlechtwetter sollten Sie gewappnet sein: Museen, die kindgerechte Themen in kindgerechter Weise zeigen, gibt es immer mehr. Und der Bauernhof, auf dem Sie optimalerweise übernachten, sollte natürlich Tiere haben. (Wenn Sie sagen, dass Sie jetzt jedes Jahr zweimal kommen, vermietet man Ihnen sicher auch für eine so kurze Zeit.)

Genießen Sie die paar Tage allein mit Ihrem Kind. Sie sind jetzt sowieso der Größte. Werden Sie also Ihrer Rolle gerecht und zaubern Sie immer mal wieder etwas aus dem Hut. Sollten Sie dieses Buch dazu mitnehmen, verstecken Sie es jedoch gut genug, es könnte Sie sonst etwas entzaubern ...

Noch etwas: Lesen Sie den Abschnitt „Die Jacke" (Seite 14) vorher noch einmal genau durch.

Sie werden merken: Nach solch einem Papa-Urlaub, und sei es nur ein Wochenende, haben Sie Ihr Kind wieder ein ganzes Stück näher kennen gelernt.

WASSERBAU

Das brauchen Sie: bei kleinen Kindern Sandkastengerät (Eimer, Schaufel usw.)

Wasserbau ist Schwerarbeit. Da werden die Naturgewalten gebändigt und raffinierte Ingenieurbauwerke errichtet – das sind Pionierleistungen, nichts für Schwächlinge. Zwar gehört dieses Thema zum Teil ins Kapitel „Papas Spiele", teils ins Kapitel „Papas Werke", teilweise sogar zu „Papas Experimenten" –, aber da man erst einmal einen geeigneten Ort ausmachen muss, bleibt es vorerst doch ein Abenteuer.

Ein kräftig fließender, aber nicht zu breiter und reißender Wildbach ist ideal für einen Staudamm. Selbst bei einem Rinnsal ist das Erfolgserlebnis, plötzlich aus wenig so viel Wasser machen zu können, einfach umwerfend. Allerdings muss man richtig vorgehen und zuerst große Steine an den Platz der späteren Staumauer rollen. Da darf ruhig zunächst noch Wasser durchfließen –, umso weniger wird das Provisorium weggeschwemmt. Nach und nach von flussaufwärts mit kleineren Steinen, quer gelegten Zweigen und Sand abdichten. Läuft der Stausee voll, ist es einfach eine Augenweide, wie viel Wasser jetzt auf einmal den Bach hinunterschießt, wenn man den Damm durchsticht!

An einem ruhigeren Bach oder einem sandigen Seeufer macht es dagegen viel mehr Spaß, einen Hafen für allerhand mitgebrachte oder improvisierte Schiffchen, Boote und Flöße zu bauen.

Dazu muss man parallel zum Ufer einen Graben ausbaggern – tief genug, dass keins der Boote mit dem Kiel auf Grund läuft. Genügend seitliche Hafenbecken müssen davon abzweigen, in denen all die Wasserfahrzeuge anlegen können. Ein paar mehr Becken als Schiffe sollten es schon sein, damit auch ein richtiger Hafenverkehr zustande kommen kann. Ist das Ufer sehr sandig, sollten die Hafenwände mit flachen Steinen oder senkrecht eingesteckten kurzen Stöckchen befestigt werden. Erst zum Schluss den Hafenbau mit einem Durchstich zum Wasser fluten.

TIERSPUREN LESEN

Wenn Ihr Kind ein bisschen Interesse an der Natur hat, sollten Sie sich einmal auf Spurensuche begeben. Natürlich geht das am allerbesten im Winter, weil die Abdrücke im frischen Schnee besonders deutlich sind. Aber auch nach Regenperioden kann man auf feuchtem Boden viel sehen. Zum einen geht es darum, die Spuren zu erkennen, aber auch zu beurteilen, ob ein Tier schnell oder langsam unterwegs war (Schrittweite). Im Winter kann man die Spuren weit verfolgen und dadurch vielleicht einen Fuchsbau entdecken.

Wappnen Sie sich mit etwas Spurenkunde; die wichtigsten Fährten haben wir hier aufgezeichnet, damit Papa unterwegs auch mit Wissen glänzen kann. Ein Nilpferd ist allerdings nicht dabei.

Übrigens: Viele Forstämter machen für Interessierte im Winter Wanderungen, bei denen man Spuren lesen lernt.

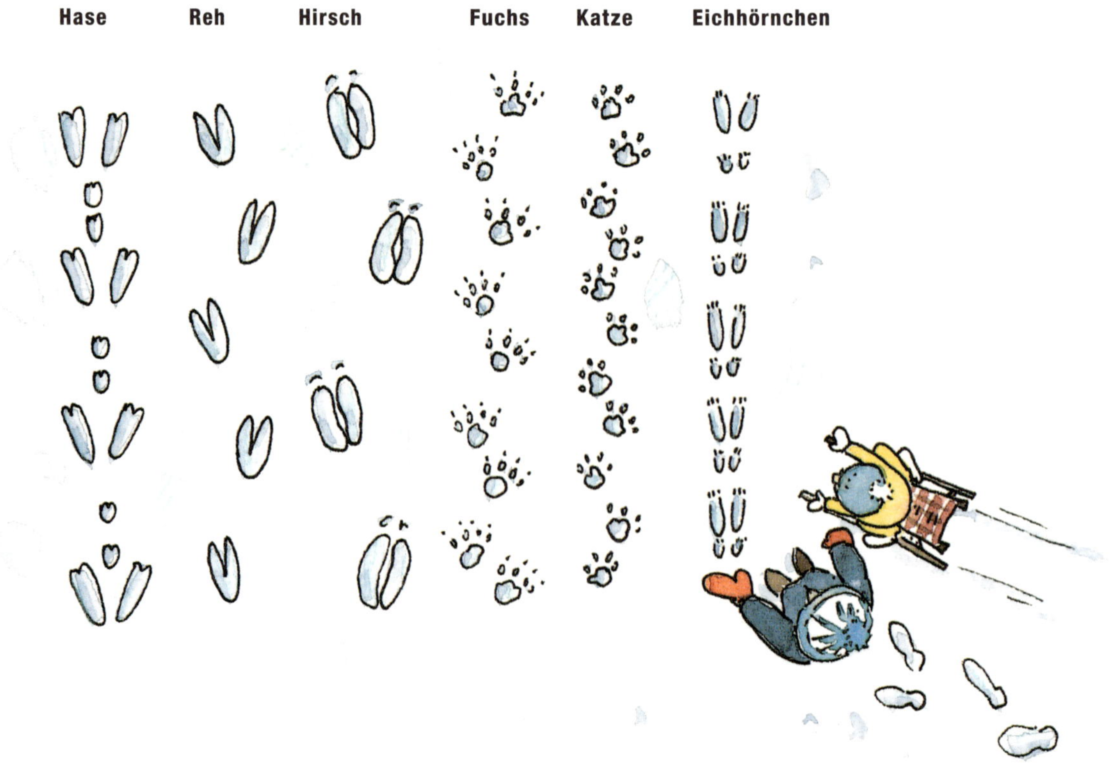

TIERE BELAUSCHEN

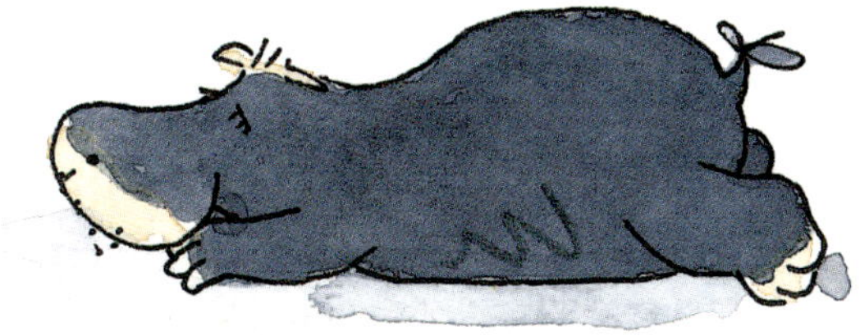

Das brauchen Sie: ein gutes Fernglas

Ein Kind, das auf einem Spaziergang das erste Mal ein Wildtier gesehen hat, wird fasziniert daheim davon erzählen. Es spürt instinktiv, wie selten es ist und was es für eine Besonderheit darstellt, scheue Hasen, Rehe, Fasane usw. in freier Wildbahn entdeckt zu haben.

Zeigt Ihr Kind daran besonderen Gefallen, bringt es Geduld auf und hat das nötige Sitzfleisch inklusive der Fähigkeit, längere Zeit still zu sein, sollten Sie ihm solche Erlebnisse ermöglichen.

Papa sucht zunächst einmal ganz allein (oder mit Mama) auf Abendspaziergängen gute Stellen aus, an denen genügend Wild vorbeikommt. In der Regel erkennt man solche Gebiete an einer hohen Dichte von Hochsitzen. Testen Sie einmal in der Dämmerung, ob sich dort etwas tut. Eine gute Jahreszeit ist der Herbst, weil es erstens schon früh dämmrig wird und zweitens die Brunftzeit beginnt, in der das Wild unvorsichtiger ist. Die besten Stellen sind natürlich Waldränder – möglichst weit von Straßen und Fußwegen entfernt –, an die sich Wiesen anschließen (oder, vor allem für Schwarzwild, Kartoffeläcker). Sehr gut sind auch größere Waldlichtungen.

Besser als die Hochsitze, die am oberen Ende der Leiter meist nur aus einem Sitz bestehen, sind die größeren, baumhausähnlichen, die ringsum nur mit Schlitzen versehen sind. Hier haben Sie die bessere Deckung, wenn ein Kind sich doch öfter mal bewegt, und es zieht nicht so, wenn man länger im Freien sitzt und der Abend kühler wird. Denken Sie daran, ein gutes Fernglas, das auch möglichst nachttauglich ist (vordere Öffnung sehr groß), mitzunehmen. Und Proviant, der nicht knistert und keine stärkeren Düfte von sich gibt –, Sie müssen also auf den Kaffee aus der Thermoskanne verzichten.

Noch etwas: Auch die beste Ansitzposition taugt nichts, wenn an diesem Tag der Wind in der falschen Richtung steht und Ihren Geruch dem Wild in die Nase trägt. Der Wind muss also immer aus der Richtung, in der das Wild normalerweise zu sehen ist, zu Ihnen wehen, nicht umgekehrt! Auch für dieses Abenteuer gilt: Papa bricht kein Stein aus der Krone, wenn er sich beim Forstamt erkundigt, ob es Möglichkeiten gibt, mit dem Förster zusammen abends einmal auf Pirsch zu gehen.

SCHATZSUCHE

Das brauchen Sie: selbst gezeichneten Plan

„Ich glaube, ich habe da eine interessante Karte gefunden", geheimnist Papa eines schönen Samstags. Er kramt aus seiner Tasche einen ziemlich zerknüllten und mitgenommenen Zettel, auf den so etwas Ähnliches wie eine Karte gezeichnet ist. Man kann nicht gleich erkennen, welche Lage sie beschreibt, kommt aber langsam durch einige Angaben zu der Annahme, die Karte müsse wohl den Stadtpark darstellen.

Dass hier irgendwo ein Schatz vergraben liegt und jemand den Plan dafür verloren hat, ist bald die nächste Vermutung. Wie gut, wenn gerade noch ein paar mehr Kinder da sind, die sicher mit auf Schatzsuche gehen wollen.

Zuerst gilt es zu überlegen, was mitzunehmen ist: Ein Klappspaten natürlich zum Graben, ein Seil, das man immer brauchen kann, ein Kompass, damit man die Karte vor Ort richtig norden kann – ja, und vielleicht hilft ja auch noch ein Stadtplan. Sie, als verschwiegener Autor des Plans und Verstecker des Schatzes, können die Kinder bei ihren Überlegungen ja auf die richtige Fährte bringen.

Da die Karte zwei verschiedene Orte angibt, gräbt man zuerst vielleicht am falschen (im Sandkasten des Spielplatzes zu buddeln, wird auch niemand besonders stören). Aber beim zweiten stößt der Stoßtrupp (daher der Name) am Fuße der Linde im Laubhaufen auf etwas Hartes: eine Schatzkiste (z. B. große Keksdose aus Blech, als Truhe bemalt). Inhalt: Schokoladentaler für alle! Riesenjubel!

PAPAs TRICKs

Die sind unschlagbar, wenn es darum geht,

aufgeblasenen Großmäulern eins draufzugeben

oder ewige Angeber einmal alt aussehen zu lassen.

Danach geht's einem wieder besser

und man hat bei den Altersgenossen

deutlich an Ansehen gewonnen

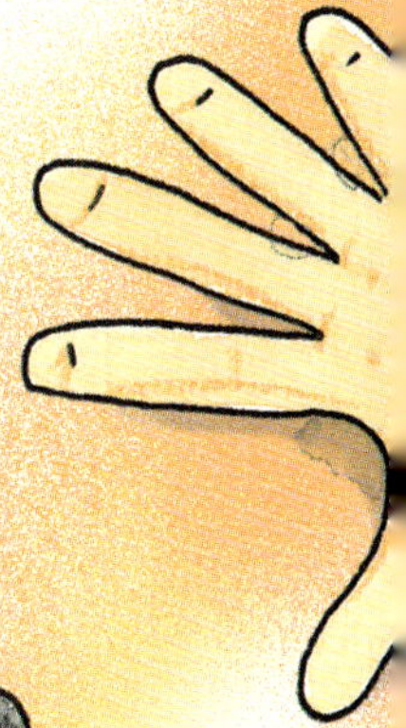

DER WANDERNDE DAUMEN

Kleinere Kinder lassen sich von diesem Trick ganz schön beeindrucken. Größere können ihn nachmachen und so bei ihren Freunden für verblüffte Mienen sorgen. Bevor man das Kunststück des „abgebrochenen Daumens" aber anderen vorführt, sollte man vor dem Spiegel trainieren.

Rechte Hand flach gestreckt so halten, dass der Betrachter den Handrücken sieht. Dabei ist der Daumen im ersten Gelenk so nach unten gebogen, dass der Zuschauer das oberste Glied nicht sieht. Der Daumen der Linken wird Richtung Handfläche geklappt und mit seinem ersten Gelenk so an den rechten gesetzt, dass wieder ein „kompletter" Daumen entsteht. Die Fuge zwischen beiden überdeckt dabei der linke Zeigefinger (siehe Zeichnungen).

Nun kann man – langsam oder auch ruckartig – scheinbar seinen Daumen in zwei Hälften zerlegen, die sich voneinander entfernen. Es ist aber tröstlich, dass die beiden Glieder auch wieder zusammengesetzt werden können ...

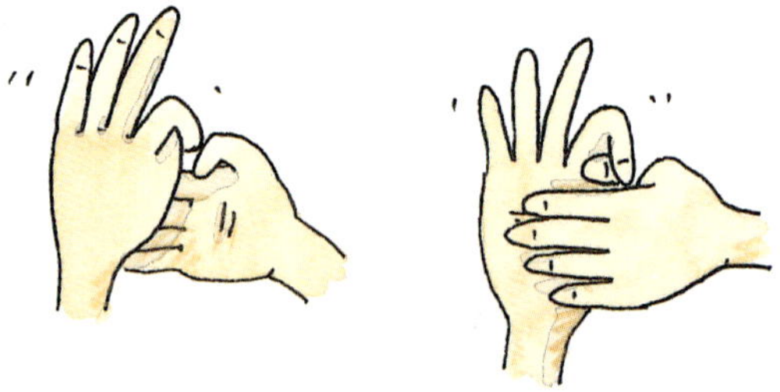

DER AUFLAUF

Nichts schöner, als wenn man zusammen mit Papa andere Leute an der Nase herumführen kann. Und im Idealfall gleich ganz viele. Ein Vorschlag: Suchen Sie einen Ort aus, an dem gerade viele Menschen unterwegs sind, die es nicht so eilig haben – etwa nach einem Kinobesuch oder in einem Gartencafé. Dort schauen Sie eindringlich an einen Punkt, den Sie sich gegenseitig auch auffällig zeigen (an dem aber gar nichts zu sehen ist). Das kann ein Punkt am Himmel sein oder eine Ecke eines Hausdachs, auch das Innere eines geparkten Pkw ist prima. Nach und nach werden immer mehr Leute versuchen zu sehen, was da los ist –, aber fragen traut sich keiner. Wie beim Schneeballsystem werden es immer mehr, und Sie können bald weggehen und den Auflauf in Ruhe von ferne beobachten ...

DIE ZAUBERMILCH

Wenn Sie irgendwo eine Wolfsmilchstaude wachsen sehen, können Sie ihrem Kind erklären, was das ist (auch dass die Pflanze giftig ist. – Vorsicht, deshalb nach jeder Berührung immer die Hände waschen!). Und dann zeigen Sie ihm, dass die Milch im Stängel ganz besondere Fähigkeiten hat: Sie dringt nämlich ganz rasch durch menschliches Gewebe, durch Haut, Fleisch und Knochen. Das Ganze geht natürlich auch mit Löwenzahn, aber damit wirkt der Trick nicht so glaubhaft wie mit der selteneren Wolfsmilch.

Sie hocken sich vor die Pflanze nieder und brechen einen Stängel ab. Dann strecken Sie die linke Hand waagrecht aus und tupfen mit dem abgebrochenen Stängel etwas von der ausgetretenen Milch auf ihren Handrücken. (Dabei müssen Sie aber unbemerkt so tief gehen, dass die Unterseite Ihrer Hand auf dem Stumpf des Stängels aufkommt, der ja auch Milch abgibt.) Den Fleck auf der Oberseite reiben Sie in die Haut und erklären, dass er alsbald unten wieder herauskommt. Sie drehen die Hand um, und in der Handfläche ist der Beweis: der Milchfleck. (Händewaschen nicht vergessen!)

DIE LINEAL-FESSEL

Fragen Sie Ihr Kind, ob es einen Trick kennen lernen will, der es wirklich fesseln wird. Neugierig wird es das bejahen. Dann bitten Sie es um sein großes Lineal und fordern es auf, sich an den Tisch zu setzen, beide Hände flach auf der Tischfläche vor sich. Darauf, von Handrücken zu Handrücken (die knapp 30 cm auseinander liegen sollten) legen Sie das Lineal. „Warte einen Moment", sagen Sie und holen ein randvolles Glas Wasser aus der Küche. Das stellen Sie nun mitten auf das Lineal. „Fesselnd oder nicht?" lautet nun natürlich die schadenfrohe Frage.

Bringen Sie Ihrem Kind diesen Scherz dann bei, wenn es über berechtigten Ärger mit irgendeinem Piesacker klagt. Bei diesem kann es den Trick dann gleich ausprobieren (aber mit dessen Lineal!). Wenn es diese „Vorführung" jedoch schon vorher bekommt, wird es den Trumpf zu schnell aus der Hand geben, da es sich vor Begeisterung sofort ein beliebiges Opfer sucht.

DER KRAFTAKT

Gibt einer dauernd an, wie stark er sei, und geht dabei Ihrem Kind auf die Nerven, zeigen Sie ihm folgende verblüffende Aufgabe: „Wetten, dass du nicht stark genug bist, die beiden Wäscheklammern mit je einer Hand gleichzeitig zehn Minuten gedrückt zu halten?" Jeder wird sich für fähig halten, diese kleinen Federdinger zehn Minuten lang zusammenzudrücken. Aber weit gefehlt! Schon nach wenigen Minuten erlahmen die Muskeln, und Krämpfe drohen dem, der nicht loslässt!

DER LAHME ARM

Noch ein Reinleger für Kraftprotze gefällig? Kein Problem: Wer gefragt wird, ob er ein Glas Wasser zehn Minuten in der Hand halten kann, wird überlegen lächelnd bejahen. Doch kann er das auch unter diesen Bedingungen: ein Arm waagrecht ausgestreckt, Handfläche nach oben, 1/4-Liter-Glas mit Wasser darauf? Er wird immer noch davon überzeugt sein. Na, denn mal zu. Die Zeit läuft ...

DIE VERLORENE WETTE

Wenn Sie Ihrem Kind diesen Wett-Trick verraten, mahnen Sie es aber auch gleichzeitig, dass es Acht gibt, mit wem es diesen Spaß treibt. Denn nicht alle verstehen ihn als solchen. Als „Opfer“ sucht man sich diesmal vielleicht wirklich jemand, von dem man weiß, dass er einen Spaß versteht. Und der geht folgendermaßen: Man wartet, bis sich der andere etwas Leckeres zu trinken gekauft hat, zum Beispiel eine Cola.

Dann bietet man ihm eine Wette für wenig Geld an, sagen wir, zehn Pfennig: „Wetten, dass ich diese Cola trinken kann, ohne mich zu bewegen?“ Das wird der andere nicht glauben und die billige Wette eingehen, die ja aussieht, als berge sie kein großes Risiko. Liegen die beiden 10-Pfennig-Stücke auf dem Tisch, trinkt man seelenruhig die Cola aus. Protestiert der andere, schiebt man ihm ganz souverän den Wetteinsatz über den Tisch: „Du hast gewonnen.“ – Ja, zehn Pfennig. Aber eine Cola, die viel mehr gekostet hat, verloren!

DIE SCHWERE ZEITUNG

Das brauchen Sie:
Zeitung,
Schnur
(Länge
ca. 1,50 m),
Holzbrettchen,
Bohrer,
Stück Rundholz

Noch was für Kraftmeier, die glauben, eine Zeitung sei so leicht, die könne man ja mit einem Finger hochheben: Die sollen mal merken, dass sie sich getäuscht haben. Nun ja, nicht so ganz: Denn schwer ist eigentlich nur die Luft über der Zeitung (aber das würden diese Zeitgenossen ja auch nicht glauben, dass Luft schwer ist!). Ein Zeitungs-Doppelblatt bekommt in seiner Mitte ein winziges Loch. Dadurch wird eine Schnur geführt (ca. 1,50 m lang), die auch durch ein dünnes Loch in einem Holzbrettchen geht und auf dessen Unterseite sehr gut und dick verknotet wird. Am anderen Ende befestigt man ein Stückchen Rundholz als Griff. Das Brettchen liegt nun auf dem Fußboden, die Zeitung darüber. Wer kann mit einem Ruck am Griff die Zeitung hochheben? Na? Und noch eine Übung mit „schwerer Zeitung“: Ein Brettchen einer Obstkiste wird so auf den Tisch gelegt, dass etwa ein Drittel über die Kante hinausragt. Dann legt man auch hier ein Zeitungs-Doppelblatt flach darüber – und zwar so, dass das Brettchen in der Mitte (unter dem Falz) liegt und die Zeitung mit der Tischkante abschließt. Wer nun kräftig genug, möglichst mit einem Handkantenschlag, auf das Brettchen haut, wird sich wundern: Das Brett bricht ab, die Zeitung bleibt liegen.

DAS ENDLOSE BAND

Das brauchen Sie:
Zeitung, Schere, Klebeband

Wer einen langen Papierstreifen (etwa den langen Rand eines Zeitungs-Doppelblattes) zum Reifen klebt und diesen der Länge

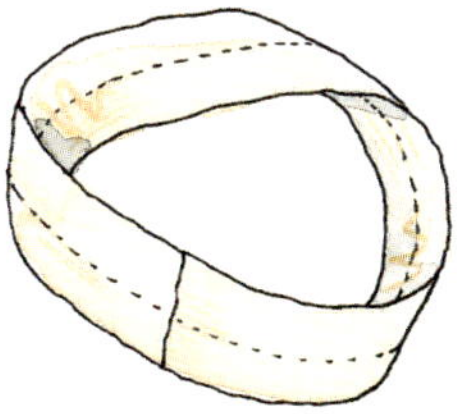

nach durchschneidet, wird zwei dieser Reifen erhalten – klar. Was aber passiert, wenn man vor dem Zusammenkleben eins der Enden einmal verdreht, also die Vorderseite des Streifens an dessen Rückseite klebt? Und wenn man den ganzen Vorgang an dem entstandenen Produkt noch einmal wiederholt? Das ist ganz mysteriös! Und es wirkt auch ganz toll, wenn man es anderen vorführt, ohne dass sie diesen Dreher merken. Sie dürfen dann selbst probieren, einen Reif zu kleben und zu zerschneiden – und ihnen ergeht es genauso, wie eingangs beschrieben. Das ist etwas zum Groß-Rauskommen!

WASSER-WETTE MIT WIRKUNG

Das brauchen Sie: ein Glas Wasser, dünnen Karton

Noch ein Trick gefällig, um andere Lausejungen oder -mädchen ein bisschen zu foppen? Dann bringen Sie Ihrem Kind diesen bei (nicht ohne zu erwähnen, dass man ihn im Freien vorführen sollte, weil ... – das werden wir gleich sehen!).

Ein Glas wird randvoll mit Wasser gefüllt und mit einem dünnen Karton abgedeckt. Diesen fest halten und das Glas umdrehen. Nun kann man es so auf einen ebenen, glatten Tisch stellen und sogar den Karton drunter wegziehen, ohne dass etwas passiert. Jetzt fordert man sein Ge-

genüber heraus: „Wetten, dass du dieses Glas nicht hochheben kannst?“ Der wird dies natürlich anzweifeln und gleich unter Beweis stellen. Und dann merkt er, dass er Recht hatte. Und man kann sehen, warum diese Geschichte im Freien stattfinden sollte ...

DER STARKE ARM

Das brauchen Sie: ein Glas Wasser

Es ist nicht nur zu schön für kleine Wichte, den Kraftprotzen oder Größeren mal so richtig eins auszuwischen. Sondern es zeigt ihnen – wie die Geschichte von David und Goliath –, dass Muckis eben nicht alles sind: Man kann sie nämlich mit Hirn austricksen und übertrumpfen. So wie in diesem simplen, aber wirksamen Trick:

Man nimmt ein gefülltes Glas in die rechte Hand, den Unterarm ausgestreckt. Dann bietet man dem Kraftmeier die Wette an: „Wetten, dass du es nicht verhindern kannst, dass ich aus diesem Glas trinke, selbst wenn du mit beiden Händen meinen Arm fest halten darfst – so fest du kannst?“ Der Kraftprotz wird sich dranmachen, den Arm in den „Schwitzkasten“ zu nehmen, nach allen Regeln der Kunst. Ist er so richtig im Einsatz, nimmt man ganz souverän das Glas mit der linken Hand aus der rechten und leert es mit einem einzigen Zug.

DER BALANCE-AKT

Auch diesen Effekt wird zunächst niemand glauben. Erst das selber Ausprobieren zeigt erstens, dass es nicht geht, und zweitens lässt es erahnen, warum dem so ist. Also: Niemand kann sich seitlich so an eine Wand stellen, dass sowohl der linke Fuß als auch die linke Schulter die Wand berühren (Hände an der Hosennaht) – und dann das rechte Bein anheben. Es geht nicht, kein Mensch kann das, ohne umzufallen. Denn der Schwerpunkt des Körpers liegt bei dieser schiefen Stellung außerhalb der Standfläche, da der Mensch an den Schultern ja breiter ist als an den Füßen.

DAS INTELLIGENTE EI

Das brauchen Sie: ein rohes Ei

Also gut, noch eine letzte Lachnummer mit ein bisschen Sauerei. Deshalb sollte sie auch draußen stattfinden, sonst gibt's Ärger mit der Hausfrau. Ein rohes Ei wird gezeigt und dabei fabuliert: „Eier sind gar nicht so zerbrechlich wie man immer meint. Ihre Schale hält hohem Druck stand. Nur bei ganz besonderen Leuten können sie vielleicht zerplatzen, aber das ist selten. Meinst du, dass du es kannst?" So gelockt wird's schon einer probieren und das Ei in seiner Faust prompt eine ziemliche Sauerei veranstalten. Man kann dann aufklären, dass Eier nur bei besonders dummen Leuten zerplatzen, weil die nicht genügend nachgedacht haben ...

DER RÖNTGENBLICK

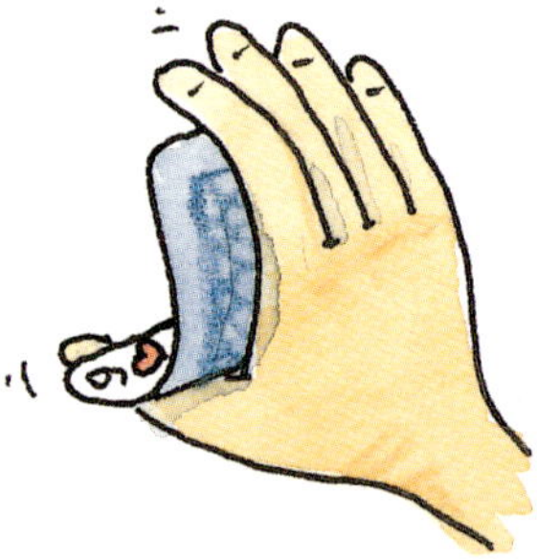

Das brauchen Sie: einen Satz Spielkarten

Kartentricks sind ganz gut, wenn ein Kind mit dem Zaubern anfangen möchte, denn sie sind immer zur Hand, vielseitig einsetzbar und effektvoll und obendrein eine preiswerte erste Ausrüstung. Somit brauchen Sie nicht viel zu investieren, wenn Sie Bedenken haben, Ihr Kind werde sich vielleicht nicht lange damit abgeben. Und: Kartentricks gibt es in allen Schwierigkeitsstufen – trotzdem sind sie immer faszinierend.

Hier ist einer für Anfänger: Der Vorführende zeigt eine von einem Zuschauer aus einem gemischten Stapel verdeckt gezogene Karte so, dass nur das Publikum die Vorderseite sieht. Und dann nennt er – nach angestrengtem Nachdenken – exakt, um welche Karte es sich handelt. Der Trick: Drückt man die Karte leicht zusammen, wölbt sie sich, und man kann in der Ecke ihren Wert ablesen.

DIE MAGNETISCHEN STEINE

Das brauchen Sie: Kieselsteinchen

Manche Tricks sind so gut, man könnte fast selbst dran glauben. Also: Wir können Steine magnetisieren. Und das geht so: Das Opfer bekommt zwei Kieselsteine in die Hand, muss jeden mit Daumen und zwei Fingern halten und dann beide fest gegeneinander pressen. Währenddessen umkreist der Magnetiseur mit einem dritten, dem Zauberstein, zwanzigmal die beiden gepressten Steine und murmelt dabei Zaubersprüche. Anschließend fährt er ebenfalls je zwanzigmal mit dem Zauberstein über und unter den beiden anderen Steinen hin und her. Wichtig dabei ist, dass er weder Steine noch Hände des Opfers berühren darf. Dann sagt er ihm: „Jetzt Steine ganz langsam auseinander nehmen." Und dann fühlen sie sich eine kurze Zeit lang tatsächlich an wie magnetisch!

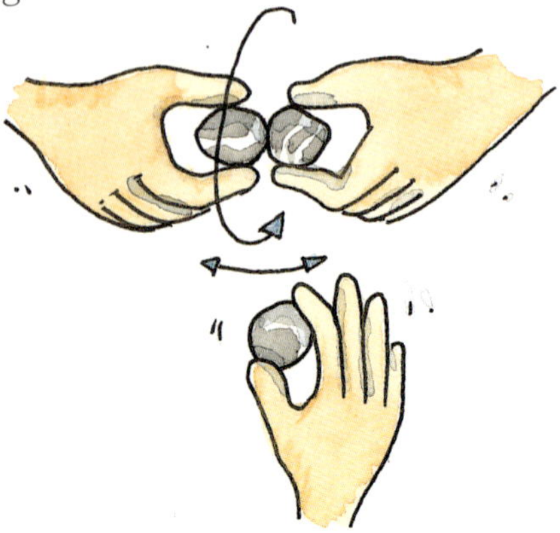

DER SCHWEBENDE BLEISTIFT

Auch dies ist ein einfacher Trick für kleinere Kinder mit kleineren Zuschauern. Sie haben ihn in ein paar Minuten gezeigt und Ihr Kind wird ihn in der gleichen Zeit begreifen. Nur ein bisschen Übung ist dann noch erforderlich, bevor es ihn vorführen kann.

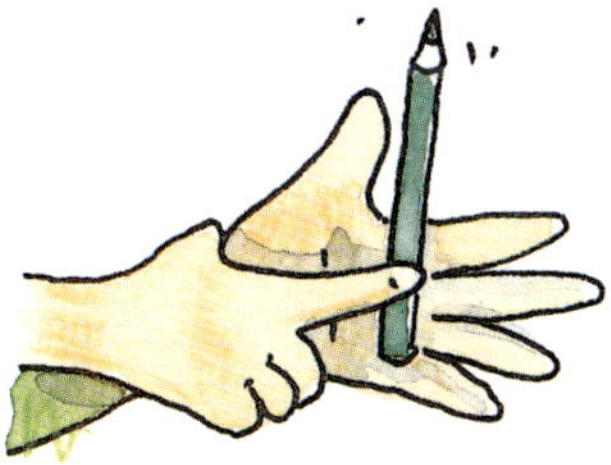

Man nimmt einen Bleistift in die linke Faust, sodass er senkrecht darin steckt und man dem Publikum dabei den Rücken dieser Hand zeigt (man stellt sich also mit der linken Schulter zum Publikum). Dabei umfasst die rechte Hand das linke Handgelenk – ein wenig so, als wolle sie die Manschette zurückhalten. Doch dabei wird der rechte Zeigefinger ausgestreckt und hält den Bleistift fest. Gleichzeitig öffnet man langsam die linke Faust zur flachen Hand, und es sieht aus, als ob dahinter der Bleistift schwebe.

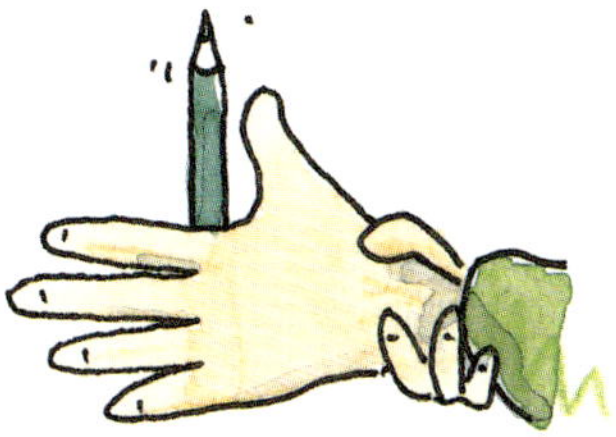

DER NAGELBIEGER

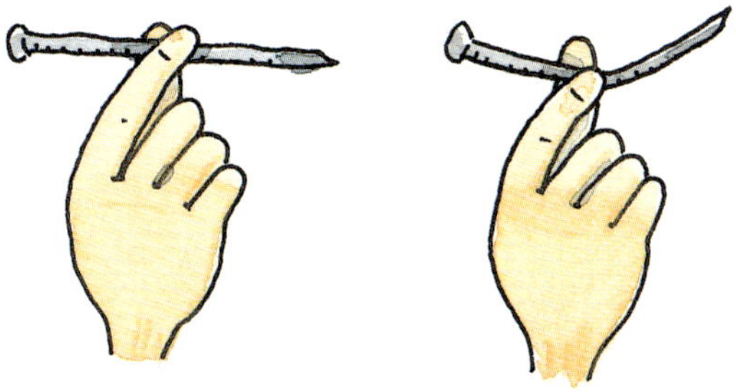

Das brauchen Sie: einen langen Nagel

Schon mit ganz wenig Übung kann Ihr Kind mit diesem einfachen, verblüffenden Trick brillieren: Es biegt wahlweise krumme Nägel gerade oder gerade krumm. Kein Kunststück? Doch, wenn das mit einem dicken Nagel nur zwischen dem Daumen und Zeigefinger einer Hand geschehen soll.

Dazu braucht man zunächst einen schon an einer Stelle abgebogenen Nagel. Man hält ihn mit Daumen und Zeigefinger genau an der Knickstelle und verdeckt diese. Der Nagel soll mit dem längeren Ende genau waagrecht gezeigt werden. Dreht man ihn aber ganz langsam zwischen den beiden Fingern, wird er für den Zuschauer dann gerade, wenn das gekrümmte Stück zum Vorführenden oder zum Publikum zeigt. Anschließend kann man ihn auf dieselbe Weise wieder krumm biegen.

DAS HUI-HUI

Das brauchen Sie: Holzleiste (Länge 30 bis 35 cm, Querschnitt 1 x 1 cm), Taschenmesser, dünner Karton, Schere, Stecknadel, Bleistift

Das war früher ein allseits beliebtes Zauber-Spielchen, und kaum jemand kannte seinen Wirkmechanismus; heute ist es fast in Vergessenheit geraten. Aber ein Hui-Hui ist leicht gebastelt:

Eine Holzleiste, 30 bis 35 Zentimeter lang und etwa ein mal ein Zentimeter dick, wird in ihrem hinteren Drittel an einer Kante mit vielen Kerben versehen. Dann schneidet man aus dünnem Karton einen exakten Kreis aus, bohrt genau durch die Mitte ein Loch und schneidet den Kreis dann zu einem Propeller aus (ob mit zwei, drei oder vier Blättern, ist gleich; er sollte nur gut austariert sein). Der Propeller wird mit einer Stecknadel am vorderen Ende in die Stirnseite der Leiste gesteckt. Das Loch muss groß genug sein, dass der Propeller sich leicht drehen kann. Dann braucht man noch ein kurzes, dünneres Stäbchen (dafür reicht auch ein Bleistift).

Zur Vorführung: Man hält das Hui-Hui mit der linken Hand am Ende und streicht mit dem Stäbchen (Bleistift) in der rechten Hand über die Kerben, sodass es rattert. Der Propeller beginnt sich zu drehen, wenn man gleichzeitig mit dem Daumen der linken Hand an der Leiste hin und her reibt (dazu sagt man „Hui!“). Lässt man das Reiben, dann steht das Rädchen wieder. Reibt man nun mit dem Zeigefinger auf der anderen Seite der Leiste – ohne mit dem Rattern auf den Kerben aufzuhören – (und sagt „Hui-Hui!“ dazu), so dreht sich der Propeller entgegengesetzt.

Das Ganze hat physikalische Gründe: Die Schwingungen durch die Kerben und das Fingerreiben kommen auf beiden Seiten unterschiedlich stark an und versetzen so die Nadel und damit den Propeller in kreisende Bewegungen.

DIE ZAUBERDOSE

Das brauchen Sie: Dose mit Deckel, spitze Schere, Gummiband, schwere Kugel mit Loch oder Schraubenmutter

Dazu braucht man eine Dose mit Deckel, der sich abnehmen und wieder fest aufsetzen lässt – also eine runde Cappucino-Dose, eine von Babynahrung oder Ovomaltine. In Boden und Deckel bohrt man nahe dem Rand zwei gegenüberliegende Löcher. Die beiden Enden eines Gummi-

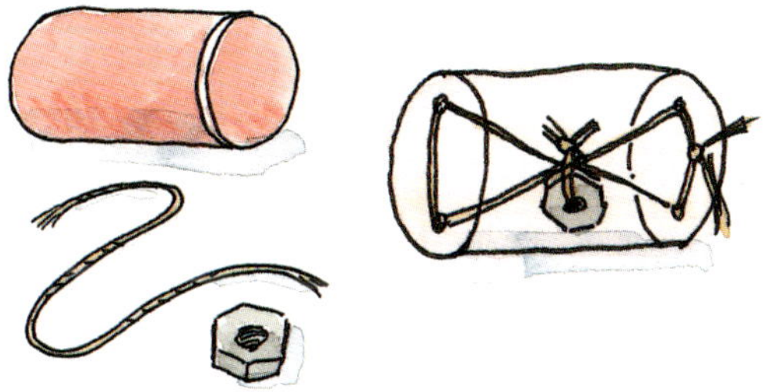

bandes durch die beiden Bodenlöcher führen. Auf halbem Wege in der Dose überkreuzen lassen und dort einen schweren Gegenstand (eine dicke Mutter o. Ä.) festbinden. Dann die Enden durch die Deckellöcher führen, Deckel schließen und dann die beiden Enden miteinander verknoten (nicht zu stramm ziehen). Kullert man nun die Dose von sich weg, wird sie nach einiger Zeit wie von Zauberhand gelenkt kehrtmachen und zurückkullern – sogar wenn es bergauf geht!

DIE LEBENDE BÖRSE

Das brauchen Sie: Geldbörse, Perlonfaden

Den miesepetrigen Nachbarn, den lästigen Hausmeister, den humorlosen Lehrer – solche Leute auch einmal harmlos zu foppen, kann man den bravsten Kindern nicht verwehren. Und das geht mit der lebenden Börse wunderbar!

Wer lässt denn schon einfach so eine Geldbörse auf dem Gehweg liegen! Es könnte ja vielleicht was Interessantes drin sein. Also wird sich jeder, der eine Börse auf dem Weg findet, nach ihr bücken. Deshalb kann man solchen Leuten, die man foppen will, eine Börse vor die Nase legen, sobald man sie des Weges kommen sieht (aber natürlich so, dass sie einen nicht bemerken).

Gemeinerweise ist diese Börse jedoch präpariert: Ein unsichtbarer Perlonfaden führt von ihr durchs Gebüsch neben dem Gehweg. Oder in die Höhe zum Balkon. Und dort lauern die schadenfrohen Kinder, die am Faden ziehen, sobald sich das Opfer nach dem Geldbeutel bückt. Und sich dann wundert, wenn dieser anfängt, ein Eigenleben zu entwickeln ...

REGISTER

A
Der lahme Arm 87
Der starke Arm 90
Der Auflauf 84

B
Der Balance-Akt 91
Ballonboot 43
Ballwechsel 23
Das endlose Band 88
Der schwebende Bleistift 93
Die lebende Börse 95
Bottel-Bus 47

D
Daniel Düsentrieb 45
Der wandernde Daumen 84
Dosen-Telefon 53
Druckwerkstatt 59
Düsendampfer 44
Düsenpost 42

E
Eckenguck 40
Das intelligente Ei 91

F
Farbenforschung 63
Fensterbilder 50
Fertighaus 41
Feuer machen 74
Fingerfaxen 16

G
Gefangenen-Gang 23
Der Geheimbund 12
Geheimschrift 66
Geisterbahn 34
Geisterhölzchen 64
Gelände-Trecker 46
Gras-Hakeln 27

H
Lebendes Haus 39
Hausmusik 54
Heulkonzert 41
Hubschrauber 52
Das Hui-Hui 94

J
Die Jacke 14
Jakob, wo bist du 18
Jockeypack 16
Jonglieren geht über Studieren 27

K
Knallrakete 70
Knete-Kniff 56
Der Kraftakt 86
Kreiselnder Knopf 19

L
Die Lineal-Fessel 86
Luftikus 49
Luftkissen 69

M
Magnettheater 60
Meter malen 58
Mikro-Golf 24
Morra 34
Muttertags-Demo 48
Der Mützendreh 14

N
Beste Nacht 10
Nachtwanderung 74
Der Nagelbieger 93
Naturkost 76

P
Papa-Urlaub 78
Pisten-Brettern 29
Plastik-Fantastik 65
Pusteball 30

R
Reiher am Weiher 21
Roncalli-Blasen 64
Der Röntgenblick 92
Rutschpartie 20

S
Schatzsuche 82
Schnitzeljagd 77
Seifenmotor 45
Der Spazierstock 38
Die magnetischen Steine 92
Suka 35

T
Taschenmikado 33
Tauchteufel 68
Tiere belauschen 81
Tierspuren lesen 80
Tischfußball 32
Topfkegeln 28
Tüten-Tennis 25

U
Der Über-Ober 22
Die Überraschung 11
Umul Konu 36

V
Akrobatisches „Verhauen“ 26
Die Verschwörung 12

W
Wasserbau 79
Wasser-Uhr 50
Wasser-Wette mit Wirkung 89
Die verlorene Wette 87
Wetterglas 62
Das Windrad 38
Wolke sieben 18
Wunderbaum 57
Wundergarten 67

Z
Die Zauberdose 94
Zauberfarbe 62
Die Zaubermilch 85
Zeitkapsel 56
Die schwere Zeitung 88
Zelten für Anfänger 72
Zelten für Fortgeschrittene 73
Zungenzwirbler 31